方法对了，孩子更愿意亲近你

李世强 柴一兵◎编著

北京工业大学出版社

图书在版编目（CIP）数据

方法对了，孩子更愿意亲近你／李世强，柴一兵编著．—北京：北京工业大学出版社，2014.7
（2022.3 重印）
ISBN 978-7-5639-3998-5

Ⅰ．①方…　Ⅱ．①李…　②柴…　Ⅲ．①家庭教育
Ⅳ．① G78

中国版本图书馆 CIP 数据核字 (2014) 第 151303 号

方法对了，孩子更愿意亲近你

编　　著：李世强　柴一兵
责任编辑：刘学宽
封面设计：胡椒书衣
出版发行：北京工业大学出版社
　　　　　（北京市朝阳区平乐园 100 号　邮编：100124）
　　　　　010-67391722（传真）　bgdcbs@sina.com
经销单位：全国各地新华书店
承印单位：唐山市铭诚印刷有限公司
开　　本：787 毫米 ×1092 毫米　1/16
印　　张：14
字　　数：210 千字
版　　次：2014 年 7 月第 1 版
印　　次：2022 年 3 月第 2 次印刷
标准书号：ISBN 978-7-5639-3998-5
定　　价：39.80 元

前　　言

现在人们都说中国的孩子很累，做中国孩子的家长更累。因为大多数家庭都是独生子女家庭。为了家里的掌上明珠，父母绝不允许孩子输在起跑线上。于是，从孩子降临到这个世上开始，父母们就为他们"规划"好了人生。

不幸的是，传承性很强的中国式家庭教育并没有让现如今的父母借鉴到多少经验。基于这种情况，父母单凭自己的喜好给孩子凭空规划一生。最后导致的结果只能是孩子让父母失望，背离了父母预先设计好的人生轨道。

每一位家长都曾为人子女，都是从孩提时代走过来的。在父母将自己的意愿强加给孩子的时候，有没有设身处地去为孩子想想。中国家长应该重新审视一下中国式家庭教育了：身为父母，你要求孩子好好学习时，你为孩子做出了好学、爱学的表率了吗？当父母怀疑老师的业务能力时，你有没有想过其实最大败笔就出自你的中国式家庭教育之手？之所以在孩子成长的过程中会出现这样那样的问题，归根结底还是败在了不得当的家庭教育方式和方法上。心病还需心药医，解决家庭教育问题才是每个家庭必须面对的当务之急。十年树木，百年树人，学校负责教育孩子，但是家庭教育也是不可忽视的力量。都说父母是孩子的第一任老师，父母的言行举止在潜移默化中影响着孩子的成长。没有父母素质的提高，何谈提高孩子的素质。所以，当务之急家长首先应该从提高自身做起，进而才能运用恰当的方式、方法引导孩子走向正确的道路。

教育子女讲究技巧，也是一种智慧的表现。本书以众多经典故事为蓝本，从中提炼出高度有效的理论精华，利用这些理论告诉父母怎样引导孩子走向正确的人生道路。另外，本书也结合了现代家庭教育的现状，详细阐述了在当下社会环境中，父母应该如何灵活运用这些理论和保持积极乐观的心态，使孩子健康快乐地成长。

希望各位读者朋友能从这本书的案例中得到启发，从中汲取力量，从而改变你的家庭生活，开创崭新的人生。

目　　录

第一章　了解孩子，做孩子的知心朋友

第二章　观察孩子，知道孩子在想什么

第三章　锤炼孩子，少些溺爱，孩子才能　　　　苗壮成长

第四章　考验孩子，吃过苦才知何为甜

第五章　松绑孩子，谁都希望拥有自己的天空

第六章　教育孩子，好好说话莫打骂

第七章　引导孩子，化解孩子内心阴影

第八章　告诉孩子，让孩子了解什么叫青春期

第九章　培养孩子，好习惯造就好人生

第十章　温暖孩子，家庭和睦，孩子才会快乐成长

第一章
了解孩子，做孩子的知心朋友

在家庭教育中，家长要与孩子做朋友，那样才能全面了解孩子的情况，才能有针对性地纠正孩子的缺点，改变孩子错误的认识。而孩子因为家长像朋友那样和自己交流，也会乐意接受家长的指导与教育。尊重并不等于一味顺从，尊重孩子要与要求孩子有一个和谐的统一。父母只有放下家长的架子，才能让孩子感受到自己和家长是平等的，这样才能找到孩子与家长心理上的平衡与默契，让孩子从家长的关爱和尊重中感受到自己的价值，并从中学会尊重别人。这才是正确的家庭教育。

蹲下来，与孩子平等相处

每个家长的首要责任就是关心、培养、教育孩子长大成人。在教育孩子的过程中，家长不能只单纯地关注孩子的学习成绩，还得深入孩子的内心，培养他们良好的心态。家长真正了解孩子是一件不太容易的事情，很多家长对自己孩子的了解不那么准确，这样就会造成许多家庭教育中的矛盾。家长如果对孩子没有一个正确的认识，不了解孩子的内心世界，那么这种教育就无从谈起了。大多数家长的工作都是比较忙的，常常疏于对孩子的教育。家长往往是让孩子吃得好穿得舒服，就认为万事大吉了，不少家长不能真正了解孩子的内心所需。孩子也有自己的情感，孩子也有自己的自尊心。家长用什么样的方式对待孩子，孩子的心里最清楚。对于自己的需要孩子根本不可能运用成人的方式来表达，但他们会锁上房门，把自己关在房间里，以这样的方式来宣泄情感上对家长的不满。

对孩子的教育，家长一定要走出自己成人的内心世界，走进孩子的内心和生活世界，努力倾听和寻找孩子的话题理念，耐心倾听来自孩子内心深处的话语。家长不要一门心思地只想着如何巩固自己在家庭中的统治地位，还要站在孩子的立场上替他们考虑一些事情；更不要对孩子的言行和思想妄作决断，因为孩子也是有自己的独立思想和喜好的。对待孩子，家长要以一种沉稳的心态来对待，切忌抱着急功近利的心态。

家长应该懂得十年树木、百年树人的道理。孩子的成长需要时间。家长要有足够的耐心去等待孩子的逐渐成长。孩子生性贪玩，家长在对待孩子的这一问题上也要有所宽容。如果冷静下来用孩子的眼光去研究孩子的贪玩现象，就会发现这其实也是孩子的一种求知方式。只要不涉及一些大方向上的错误，家长就应该对孩子的一些小错误有所宽容，在孩子成长这一问题上切忌拔苗助长。家长不要将自己的喜好强加给孩子，应该对孩子的兴趣和喜好充分尊重。家长和孩子之间所有的话题都是可以讨论的，关键在于家长是否善于引导孩子，在相互探讨的过程中，相互理解，并最终达成共识。

家长一定要对孩子体贴入微，不仅仅表现在生活方面，更要抓住孩子的内心，了解孩子，用正确的方法帮助孩子健康成长。很多家长并不是真正地了解自己的孩子，因为他们不愿花时间在这方面下功夫，只是单独凭借自己的思想去判断孩子。家长宁愿花时间和朋友去倾诉自己的孩子多不听话不老实，也不愿意去和孩子进行耐心的交谈，这样的家长是没有责任心的人，这样的做法是非常不明智的。

有位专家曾经在一个三年级学生的作文里读到过这样有趣的句子："蜗牛长着一双很小的眼睛，人类要是用一双好的眼睛不仔细看是看不到的。"后来专家特地在一个雨天里，在墙上找到一只正在努力向上爬的蜗牛，费了很大的工夫逗出了蜗牛的触角，仔细地观察了一番，果然就是1.5的视力也要认真地眯起眼睛，才能看出个大概。专家从这件事情中发现，家长一些不知道的领域，孩子反而会在其中有很真切的发现，而这些发现一定能表现出一些趣味性。

没过多长时间，一个一年级小男孩的画又被这位专家"盯"上了，小男孩这幅画的内容也是三只蜗牛，小蜗牛依附在大蜗牛的背上，后面两只蜗牛被前面那只蜗牛盯着看，画中蜗牛的眼睛引起了专家的注意：两只又大又黑的眼睛映衬在蜗牛细细的犄角下，蜗牛的睫毛在小男孩画笔的"梳理"下显得格外整齐，除此之外还有红扑扑的小脸蛋儿。小男孩一定是没有见过真正的蜗牛，以至于将蜗牛画成这副样子，这是专家的观点。专家悄悄对这个小男孩说："真正的蜗牛，眼睛没有这么大，它的眼睛是很小的！我猜想你肯定没有见过蜗牛真正的样子。"小男孩小声地回答专家："蜗牛真正的样子我见过！但我今天画的是蜗牛一家三口。蜗牛宝宝在蜗牛妈妈的背上，蜗牛妈妈要是不把眼睛睁大些会摔倒的！蜗牛爸爸眼睛睁大的原因是因为它看到了孩子高兴所致。"

专家这下弄明白了，蜗牛的眼睛不是被孩子画大了，而是蜗牛一家把眼睛睁大了！在美妙心灵的引导下，孩子觉得这个世界就是这么妙不可言。专家在那一瞬间感到了自己想象力的匮乏，尽管研究孩子内心世界是专家的主要工作。

每一个孩子都有一个自己的世界，每一个孩子都是一个独立的天才。家长不能小觑了这些孩子。所以家长应抱着敬畏的心情与孩子交流沟通和体验生活。无论是家长还是老师，不得不承认随着孩子的一天天长大，他们的思想也会一天天复杂。孩子自有孩子自己的世界和想法。也许在家长的眼里他们总是孩子，但家长如果有足够的细心和观察力，肯定就会发现，孩子在不知不觉中思考着许多家长认为他们毫不知情的事情。当然也许会因为年龄和人生阅历的关系，孩子所知也许只是一些表面的、肤浅的东西。但是孩子已经开始了独立思考，不管思考的结果如何，孩子毕竟是动脑子想了。如果家长能够走进孩子的心灵世界，明白孩子的所思所想，家长便可以适时地对孩子加以正确疏导，引导他们少走弯路。在孩子增长文化知识的同时，帮助他们学会做人做事，使孩子渐渐变得成熟起来。

走进孩子的心灵世界不是想象的那么简单，孩子会在家里的白墙上随意涂鸦，孩子会因为玩水弄得浑身湿透，满地是水……孩子会在墙上画出认为最有创意的图案——尽管在家长眼里是破坏！家长要想成为孩子的知心朋友，不能以家长的身份去压制孩子，要让孩子在一个相对平等、宽松的环境中健康成长！孩子的心是最纯净的，也是最宝贵的。家长能做的只有去理解和融入它！

在家长的眼里孩子是一本厚厚的书，从童年到少年，从少年到青年时代，家长都在慢慢地一页页往后翻，但要真正读懂孩子却并不容易。父母们如此总结：随着时间的推移，孩子年龄的增长，家长越来越不了解自己的孩子了。年幼时，孩子的一言一行都是听家长的，所以孩子真正的内心感受家长又如何能懂呢？随着孩子年龄的增长，家长和孩子间的距离也渐行渐远，代沟也越拉越大，进而导致孩子接受不到完全正确的指导，这样的家庭教育是失败的。但家长要是站在孩子的立场上想问题，和孩子在一起的时候保持一颗童心，那么，随着时间的推移，家长就会真正走进孩子的内心世界。成功的家庭教育也不会与你失之交臂了。

孩子就是人性最本真的代言人，能够准确理解和把握人性的家长，往往拥有正确的家庭教育观。然而，不少家长总是用成人的眼光看待孩子。他们对孩子的不少举动不理解，看不惯。这是极不明智的。对待孩子家长一定要保持一颗童心，这也是和孩子沟通的重要前提。在现实生活中，家长一定要给孩子多一分的理解和宽容，学会站在孩子的角度去思考问题，减少对孩子的严厉苛责，这样才有助于搭建亲子之间的感情桥梁，为孩子营造一个良好的成长氛围。当家长达到这种境界时，孩子内心世界的大门才会真正为家长敞开，孩子才会真正认可家长这位心灵导师，这样家长才能帮助孩子健康快乐地成长。

下蹲，与孩子保持同等的高度，不单单要求家长要做到表面上的平等，实质上这是暗示家长要在心理上和孩子保持同等的位置。家长能这么做，才能真正做到用平等的态度去和孩子交流。因为只有在心理上和孩子保持平等，孩子才会将自己的心扉向家长敞开。

蹲下来，这一步非常关键，因为不管孩子的想法正确或者不正确、有无道理，只有从生理上和心理上都能蹲下来和孩子说话，进入孩子的世界感受孩子的心理，家长和孩子之间才能更好地沟通，才能建立家长与孩子间更亲密的关系。只有在了解了孩子的真实想法之后，才可能有的放矢地教育孩子。

和孩子交朋友

俗话说，尊人就是尊自己。在与别人的相处和交谈中要尊重对方，对方才会更容易接受你，互相才会相处融洽。在家庭教育中，家长的传统教育法往往忽略了这一点。

在一份调查中发现，家长不尊重孩子主要表现有以下几个方面：

对孩子的不信任，家长不听孩子的任何解释；

家长老说让自己孩子伤心的话，武断专制地否认孩子的想法，或者不理睬孩子；

常违背孩子的意愿，让孩子参加各种各样的学习班；

家长对孩子的交友圈缺乏最起码的尊重；

一揽子都为孩子考虑，从不问孩子是否愿意去做；

家长偷听孩子电话、偷看孩子日记。

很多家长都把自己对孩子的教育方法看得很重要，有些家长从没有真正了解过自己孩子的内心想法。家长望子成龙的心情是可以理解的，但家长却总是不能和孩子进行有效的沟通，因为家长仅仅是从自己的立场出发要求孩子做这做那，从而将孩子本身的特点忽视，进而将无形的心理压力带给了孩子。这样错误的家庭教育方式家长一般意识不到，最后导致孩子和家长的感情渐行渐远，孩子犯的错误也越来越多。从更深层次上来说，这是源于家长没有真正成为孩子的朋友，无法走进孩子的内心世界所致。

程老师发现，王晨同学最近的成绩有了显著提升，而且现在上课也不再像以前那么捣乱了，为此他十分好奇。趁着周末，他到王晨家进行了家访。

王晨的妈妈接待了程老师。王晨妈妈感慨颇深地说道："和孩子平等交流有助于真正走进孩子的内心世界，才能对孩子真正起到鼓励和帮助的作用。"

妈妈说："两个月前王晨一直沉迷于网络游戏，对此，我和他爸打他了，骂他了，但是王晨对我们的话无动于衷。我们为此感到心灰意懒。"

程老师急切地问："那你们后来用了什么方式方法让王晨发生了改变呢？"

妈妈说："一次，我向一个朋友寻求帮助。他问我是否真正了解孩子，孩子玩网络游戏的原因是不是厌恶学习。一句话点醒梦中人，长期以来我们只注重监督、督促王晨学习，却不曾真正与他沟通，走进他的内心世界。某天回家后，我试问儿子会不会因为学习感到乏味和枯燥，儿子听到我这样问他感到很意外，接着他就如实相告，说有时候甚至产生了退学的想法。我接着说自己也在工作上遇到了很多烦恼，希望他能给我一些建议。这时，我把儿子当作朋友，将工作中的不顺心事都告诉了儿子。"

妈妈继续说："想不到王晨小小年纪就有如此强的分析能力，我第一次由衷地称赞了儿子一句：'你太让妈妈意外了，你比妈妈强！'没想到，儿子就此一发而不可收，他也将心中的烦恼都告诉了我。从此，孩子和我成了无话不说的好朋友，儿子也渐渐走出了网瘾的困扰，学习成绩也大幅提升。"

　　现代家庭教育的有效途径就是和孩子交朋友，而家长和孩子交朋友的时候要放下架子，尊重孩子的人格，因为尊重孩子是家长走进孩子心灵的首要条件。信任和平等是建立在家长对孩子尊重的基础上，如果缺失了尊重，谈何平等，没有了平等又怎么会进行有效的沟通呢？孩子的心理需求应该得到家长的重视，家长如果能耐心听完孩子发表的一些意见，给孩子多一些自由，孩子才会将自己内心世界的大门真正为家长敞开，对于家长的教诲也乐于接纳。让孩子感受到快乐，给予孩子一些做事情的决定权，这是家长与孩子成为朋友的重要前提。家长要经常温和地对孩子说：还是你自己来决定吧！这样的话，孩子就会感到有主人身份般的满足感。家长必须要明白自己和孩子是平等的，没有因为彼此间的年龄和辈分不同而导致地位的差异。家长和孩子应该更像是朋友关系。在对待学习这个问题上，家长不要给自己孩子学习督促者这样的定位。家长这样定位就只会用一张刻板的脸面对着孩子，要求他们好好学习。试问在这样的环境下哪个孩子会真正做到好好学习呢？正确的做法就是和孩子一起学习，一起进步。出现问题时，父母就别在孩子面前摆家长的谱儿了，要向孩子虚心求教，共同讨论问题，最后的决定一起来做，这样才能成为孩子真正的朋友。

　　家长对孩子态度的好坏是家教成败的关键所在，特别是在和孩子说话时家长所表达出的语气，会深深影响到孩子的情商和修养。家长必须尊重孩子，对孩子应该表现出充分的信任。如孩子想学打篮球，家长可以用尊重孩子的态度说："只要你努力学打球，就一定会打好。"这样家长就无形中就给了孩子自信，并让其知道只有努力才能获得成功。

　　假如家长采用不尊重孩子决定的态度，就会给孩子的自尊心和自信心带来伤害。孩子从两三岁的时候，自我意识就开始处于萌芽状态，随着孩子年龄的增长，孩子的自我意识会愈发强烈。孩子有了自己做事情的主见，这就说明孩子已经开始了解自己的力量和各方面的能力。当孩子提出与家长不同的看法和要求时，家长不要认为是孩子不听家长的话，而粗暴地反对和否定孩子。打个比方，如家长要求孩子学习，可孩子还想再和小朋友们玩一会儿，这时候家长不能发脾气："你怎么越大越不听话，不好好学习看你长大了将来能做什么。"这样只会让孩子对学习产生更强烈的厌恶心理。家长应给予孩子尊重的语气："玩一会儿就回来学习吧，怎么样？"孩子就会欣然接受了。在家庭教育中，家长在心里应该首先知道每个孩子都是有自尊的。当你想让孩子去做一件事情的时候，先要用商量的语气来征得孩子的同意，以此来表明家长对孩子的尊重。当家长发现孩子身上的优点时，一定不要吝惜自己的赞赏，因为赞赏会让孩子表现出自己更多的优点。家长要想孩子做事情不犯错误，这是不可能的。当孩子做错了事，家长不要只知道批评责备，而是应该帮助孩子从错误中总结和积累经验，鼓励孩子更加努力。

爱孩子的具体表现就是家长对孩子的尊重，这种爱孩子的表达形式是正确的。孩子自尊心的形成源于家长对孩子的尊重，孩子的个性是在家长给予孩子尊重的条件下所形成的。所以家长要尊重孩子的兴趣和爱好。家长不应该在别人的面前讨论或教育自己的孩子，那样会伤害孩子的自尊心。家庭教育中的尊重也是相互的，孩子需要家长的尊重，但家长也要培养孩子尊重别人。

现如今大多数年轻的家长都受过良好的教育，能够比较全面地认识孩子的成长需求，大多数家长在日常生活中确实能尊重孩子。但还是有一些家长虽然知道孩子需要尊重，但他们往往遇事不能真正做到尊重孩子。家长要想学会尊重孩子不是一件简单的事，它是建立在彼此正确认识的基础上的。

孩子的生理和心理发展都有其自己内在的发展规律，有些家长急切地想让孩子学习更多的文化和技能，但是如果家长违背了孩子发展的正常规律，往往就会把事情弄得很糟糕。这样不仅达不到家长所要求的效果，还会影响孩子的健康成长。

教育家卢梭曾经说过："大自然希望儿童在成人以前，就要像儿童的样子，如果扰乱了这个次序就会造成一些果实早熟，它们长得既不丰满也不甜美，而且很快就会腐烂。"孩子在两三岁的时候，其自我的意识会慢慢形成。孩子们会提出"我自己来做"的要求和想法，这是孩子在该年龄段正常的心理象征。可是许多家长还是生怕孩子做不好，总想代替孩子去做，从而限制了孩子学习和锻炼的机会，当孩子长大后什么也做不成或是做不好。家长应该给予孩子随年龄增长出现的独立意识以支持。这种支持不仅仅表现在口头承诺上，更要求家长对孩子付出实际的支持行动，以此来表达对孩子的信任和尊重。

尊重孩子的同时，家长还要注意保护孩子的自尊心。自尊心是孩子成长的动力。合格的家长更应注意保护孩子的自尊心。孩子的自尊心不可随意伤害和践踏，家长应该深知这一道理。孩子除了家长给予的环境条件外，还有渴望得到尊重。孩子的自由权利应该还给他们，让孩子自己选择的同时尽情去发现属于自己的美好吧。

由于人类受遗传因素和不同环境教育的影响，孩子与孩子间是存在着一定的差异，这并不是很奇怪。可是有些家长总是喜欢拿自己的孩子与别人的孩子比。当自己的孩子比别人强时，家长就沾沾自喜，反之家长就不停地数落孩子，这样很容易使孩子迷惘。家长应告诉孩子他们是独一无二的，别人是无法替代他们的。

总而言之，在家庭教育中家长要与孩子做朋友，这样才能全面了解孩子的情况，才能有针对性地纠正孩子的缺点，改变孩子错误的认识。而孩子因为家长像朋友那样和自己交流，也会乐意接受家长的指导与教育。尊重并不等于一味顺从，尊重孩子要和严格要求孩子有一个和谐的统一。父母只有放下家长的架子，才能让孩子感受到自己和家长是平等的，这样才能找到孩子与家长心理上的平衡与默契。让孩子从家长的关爱和尊重中感受到自己的价值，并从中学会尊重别人，这样才是正确的家庭教育。

父母学会倾听，孩子才会亲近父母

随着孩子的成长，他们有了独立的思考意识，他们对生活中的事情，逐渐有了自己的想法和观点。父母应该对这一时期孩子的想法给予鼓励和支持，多多倾听孩子的意见。鼓励和赏识孩子发表自己的想法和观点，可以锻炼孩子的思考能力和表达能力。通过倾听孩子的想法意见，父母可以在第一时间纠正孩子的错误。

美国前总统罗斯福出生在一个民主的家庭中，他的童年是在哈得孙河谷的海德公园里度过的，而且过得非常开心。妈妈非常尊重罗斯福的意愿，在一些非原则性的问题上，只给罗斯福提供参考建议，而不会干涉罗斯福的决定。这不仅使罗斯福和妈妈之间的关系非常和谐，而且培养了罗斯福的主见。

妈妈喜欢用各种服装来打扮罗斯福，但是罗斯福却不喜欢妈妈为他选择的衣服。有一次，罗斯福大胆对妈妈说出了他对妈妈给自己安排服装的不满。还有一次，妈妈想劝说罗斯福穿苏格兰短衫，但是罗斯福还是拒绝了妈妈。最后，妈妈同意罗斯福穿水手服。

妈妈曾这样解释："我们从来不曾试图对他施加影响，不想使他违背自己的爱好按我们的模式规定他的人生道路。"

5岁时罗斯福曾对妈妈说了这么一句忧郁的话："妈妈，我不开心，因为我没有真正的自由。"妈妈听了这样的话开始反思自己，然后决定给罗斯福更多的自由。

第二天，妈妈就开始这样做了。她对罗斯福的日常生活不作规定，让罗斯福自由地做他喜欢做的事情。刚开始，罗斯福很高兴，他可以自由地生活了。没过多久，他发现不被人重视的感觉真的不好受。后来，他又恢复了之前的生活状态。

事后，妈妈是这样叙述当时情况的："证明他对自由的渴望就是通过他对我们置之不理这样的方式上表现的。那晚，他变成了一个又累又脏的小孩子，拖着疲惫的躯体回到家里。我们没有去问他到哪里去了或是干了什么。第二天，他表示愿意按平时的安排作息，并且觉得心满意足。"

罗斯福个性的发展和良好品格的形成，得益于妈妈尊重他的意愿和想法，满足他的合理要求，给他自主活动的时间，使他无拘无束地发展自己，尽情地享受童年的欢乐，妈妈不是强迫罗斯福听从自己的意愿和想法。

在社会飞速发展的今天，外界对孩子的影响日益加大，而摆在家长们面前的家教问题也日益艰难。不论情况变得如何严峻，教育孩子一个最重要的原则是离不开倾听孩子的内心想法。只有倾听孩子的意见想法，才能成为孩子的朋友，帮助、引导他们走向正确的道路。不少孩子持这样的观点："每当与家长意见不一致时，家长往往表现出一副盛气凌人的架势，根本不给自己说话和表达的权利，有时候家长对自己的批评根本和事实不符。"孩子想表达自己的意见，但又得不到家长的允许与认可，有些家长不对事情的根源展开调查，而是一味地对孩子横加斥责，这样的做法是有悖于家教原则的。有位心理学家曾经说过："家长和孩子之间产生分歧是正常的。但作为家长和孩子的长辈应该允许孩子发表自己的意见和观点，对他们的意见也要有足够的耐心去倾听。如果还没等孩子阐述完自己的观点就强行打断孩子的话或是妄下结论，毫无疑问这是不礼貌的，最后势必会给孩子带来消极的影响。"

在家庭教育中只有让孩子把自己的观点和意见完全表达出来，家长才能真正了解孩子，无论他们的观点让家长多么的自豪和生气。在孩子表达自己的意见时，家长一定把持好自己的情绪，凡事都要先思考一下再行动。家长要做到态度平静，不急不躁，耐心倾听，与孩子展开讨论，帮助孩子寻找解决方法，引导他们制定新的目标，只有在家长和孩子平等的对话中，孩子才会认真自我反省。

随着现代社会的高速发展，竞争日益变得激烈，家长常常因为忙于工作而疏于和孩子进行交流和沟通。心理学家认为，家长不应该只是单单努力为孩子创造一个良好的硬件环境，家长应该抽出更多时间，去了解孩子的性格兴趣爱好，从而让自己和孩子的心灵更为亲近。其实在孩子的成长中，孩子最想说话的人便是家长。家长每天应抽出一定时间和孩子交流。对孩子的意见要有耐心听，只有这样，家长才能真正看到孩子的优点和缺点，然后再加以正确引导。

唠叨使孩子与你渐行渐远

在中国式家教中我们常常看到这样的现象：家长总是不厌其烦地对孩子进行叮嘱。当孩子玩耍的时候，家长唠叨："快点去学习，作业还没有做完就开始玩。"当孩子不小心犯了错时，家长唠叨："怎么这么不小心，长脑子了吗！"

通常，唠叨的话语总是机械地重复，一句话说了很多遍，会让孩子变得躁动不安，让孩子不能将精力全部放在学习上。

事实上，父母唠叨的为容大多是指向孩子的缺点和不足，没完没了地数落孩子，对孩子冷嘲热讽，就算说些表扬的话，也大多都是规劝式的"不许这样"、"不要那样"等，让孩子认为没有一点点自尊。很多时候，造成孩子逆反心理的原因之一就是父母的唠叨。

一天课间，两个孩子进行了这样一番有趣的对话：

"唉！昨天我妈妈又唠叨了一晚上，就因为我考试时不小心漏写了一个小数点，听得我头都变成了两个！"

"你那算什么呀。上次我考了99分，我爸爸还埋怨我没有考满分，为此拿着试卷唠叨了一整天呢！我当时都快昏过去了，因为我越听越烦。"

教育界的一些专家认为，人无完人，世上没有十全十美的孩子。如果父母对孩子过于苛求，整天在孩子耳边没完没了地唠叨，就会使孩子心生厌烦。父母这样做最后导致的结果就是孩子对家长的话无动于衷。

妈妈早早地起来，一边收拾房间，一边为李华宇准备早餐。6点半，妈妈把牛奶、鸡蛋、面包准时端上桌，开始一遍一遍地叫李华宇起床。妈妈叫了很多遍，一直快到7点了，李华宇才从床上爬起来，简单刷了刷牙，随便吃了两口早餐就准备上学去。

这时，从房间里传来妈妈的唠叨："你这邋遢大王，天天把自己的房间搞得乱七八糟。每天给你'擦屁股'。每天让你起床都得喊破嗓子。你这样怎么去上学啊？早饭也不好好吃，要是把胃弄坏了，看你怎么去上学。天天跟你说也没用。要是你每天起床早点的话，还用这么赶时间，也不会迟到了……"

李华宇对妈妈的话左耳进右耳出，抓起书包一溜烟儿就跑了。妈妈追在李华宇身后喊着："着什么急呀，毛毛躁躁的，考试也这样，难怪成绩总上不去。哎，上学的东西都带齐了吗？别又落下什么了，真是不让人省心……"

据调查发现：经常唠叨，听的人根本不会往心去。这是因为长时间听同样的话产生了不在乎的心理。所以，作为父母，别把责任都推到孩子身上。如果一味地唠叨，不但起不到引导孩子的效果，反而还会产生很多负面的影响。反复唠叨只会让孩子心生反感，美国心理学专家举了一个例子，如果就孩子房间的卫生而言，家长总是喋喋不休地唠叨，孩子很可能会"逆向行驶"，甚至会变本加厉地把自己的房间变成"猪窝"。

某网站评选的孩子最反感父母的五种教育方式中，父母的唠叨高居榜首，可见，孩子对父母的唠叨是极度讨厌和排斥的。心理专家也说，家长教育孩子应该以言传身教为好，要用自己的行动去影响孩子。从孩子的心声和专家的忠告来看，做家长的是该少些唠叨了。

学会消除与孩子之间的那道"沟"

事实上，父母与孩子之间有代沟是很正常的。如果父母与子女之间尽量保持平等的关系，彼此尊重对方的生活习惯和想法，父母经常与孩子保持思想交流，就非常容易消除代沟。

　　然而，说起来容易，做起来难。很多父母给孩子提供了丰富的物质条件，却不能理解孩子的内心世界；对孩子的学习成绩要求很高，却不给孩子宽松的学习氛围。甚至有一些父母习惯于居高临下的命令式教育，没有考虑孩子的感受，从而导致孩子的心离父母渐行渐远，而父母却感到很"委屈"，认为对孩子关怀备至，孩子却不听话。

　　一个上中学的孩子说，他已经长大了，知道父母为了这个家很辛苦。父母不但要关心家庭、社会上的事，还要关心自己的学习，甚至在每天的饭桌上都要抓紧时间教育他。但是父母很少关心他究竟在想什么，每次交流的时候都是围绕着学习。最让他难过的是，父母总是把他当成一个幼稚的、毫无想法的小孩。每当他针对学校里发生的事情在父母面前发表自己的看法时，父母就显得很不耐烦。特别是妈妈，她总是挥挥手说："赶快吃饭吧，一会儿还要去上学呢！"或者说"和学习无关的事情你就趁早别想了"。久而久之，他就不愿意向父母倾吐内心的真实想法了。

　　这个孩子还说，每当妈妈谈到他学习上的事情时，总是激情万丈、眉飞色舞、指手画脚，说"今年中考重点高中的录取分数是多少"、"你必须好好学习，考上哪所重点高中"、"你有时间一定要多看书，不然的话难以考出好成绩"。每当妈妈说这些的时候，他就装出认真听话的样子，其实内心非常反感。

　　他表示自己在慢慢长大，在感情、人际交往方面有很多困惑。他非常希望得到父母的指导和帮助。因为有时候这些事情会长时间困扰着他，影响他的学习。但是他表示他内心的想法是绝对不会和父母分享的，因为父母只对学习的话题感兴趣，其他别的话题他们根本听不进去。所以，他认为平时和父母没有什么话可说，与父母沟通是件很难的事情。

这个孩子遇到的问题带有普遍性。父母除了与他交流学习上的事情，对其他似乎不感兴趣。其实父母应该理解孩子，除了学习，孩子还有感情和思想方面的问题需要和父母沟通。只有耐心倾听孩子的想法，才能有的放矢地指导孩子，这也是对孩子的尊重，更是赢得孩子尊重的前提。另外，父母应主动创造谈话情境，营造平等的交流氛围。沟通中要放下父母的架子，才会增加彼此间的亲近感。若想真正使父母与子女之间保持愉快有效的沟通，不妨从以下几个方面努力：

1.理解并尊重孩子

被人尊重是人的基本心理需求之一。当孩子觉得父母理解、尊重自己的时候，他的内心就会充满温暖和轻松，而不会有疑虑和孤独的感觉。因此，理解并尊重孩子是拉近父母和孩子心理距离的有效方式。这既可以有效缩小代沟，又可以增进父母和子女之间的感情。

2.坦诚地把自己的想法告诉对方

在沟通过程中，双方都应做到坦诚，把自己的真实想法告诉对方，使对方能够感受到你对他的信任。另外，父母指导、教育孩子的时候，言语中应该充满关爱和善意，这可以大大减少由于父母"言辞不妥"而引起的孩子的抵触心理。

3.尝试和孩子亲密接触

人们都知道，孩子小的时候，通常被父母抱在怀里，或是被父母牵着手，但是当孩子长大之后，这种温馨的行为就越来越少。一篇题目为《你拥抱过吗，耳语过吗》的文章中说：在拥抱中，人可以获得安全感和信任感，是一种全身心的休息。拥抱可以缓解焦躁的情绪。还有耳语等亲密的姿态，更有利于孩子亲近父母、接受父母的教育。父母与孩子需要沟通，但是沟通不仅仅是用语言，还要用心。可以说，用心沟通是最好的沟通。

总而言之，有代沟不是什么可怕的事情，没有沟通交流才是最可怕的事情。在沟通中，父母不仅可以帮着孩子总结成功和失败的得与失，还可以了解到孩子真实的想法，这才是对孩子最好的人生教育，反过来也是对自己家庭教育的一种肯定，更有助于增进亲子之间的感情。

好父母要懂得站在孩子的立场思考

有人说，理解是最好的沟通，所以，代沟的化解离不开家长和孩子双方的理解。随着孩子一天天地长大，他们的知识面、接触面也不断扩大。他们对一些问题开始有了自己的观察、思考和看法，并根据自己的想法做事。如果父母还把孩子当作无知者，对孩子横加干涉，孩子就会产生反感。特别是当孩子追求自己的兴趣爱好时，父母常常认为这会影响学习而去阻止孩子。当然，孩子对父母的良苦用心也可能存在偏见和不理解。正是这种相互的不理解才造成了代沟的加深，增加了沟通的难度。

其实，如果父母和孩子能站在对方的立场上，感受对方的心情，问题就很容易解决了。理解是构建和谐家庭的重要元素。孩子的成长离不开父母的理解。很多父母不理解孩子内心的苦闷，抱怨孩子学习不努力，让孩子觉得非常委屈。

上小学五年级的时候，李晨爱上了摇滚乐，并且对外出游玩产生了兴趣。他希望用摇滚乐来宣泄烦乱的心情，想通过外出游玩缓解学习的压力。一次他准备和三个同学去公园游玩，但是父母不同意。为了不让自己失约，李晨偷偷地和同学出去了。当他回家的时候，父母不等他开口，就臭骂了他一顿，当时李晨感到委屈极了。从那以后，李晨不再愿意把自己的事情告诉父母。

在初二的时候，李晨和班上一个女同学成了很好的朋友。但是因为她的学习很差，父母就阻拦他和那个女生交往……

当父母和孩子之间缺少理解的时候，沟通就成了问题。没有沟通和交流，父母和孩子之间就很容易产生隔阂。想必父母都有这样的体会：孩子越大，与他们沟通就越难，甚至不知应该怎样去交谈。其实，作为孩子，他们非常希望和父母进行贴心的交谈，但是很多时候父母却强行关闭了交流的大门，才使孩子不愿意和父母交流。

出于对孩子的关爱，一位母亲经常对女儿唠叨说"不许你和任何男生来往"。有一次，几个男生来邀请女儿去同学家过生日，却被女孩的母亲臭骂了一顿。这让女儿感觉在同学面前丢了面子。那些男生也不再跟她来往。为此，女孩怨恨母亲："你们怎么对我，我就怎么对你们。"她对着父母大声嚷嚷道："我就是故意不好好学习，我就是想气你们！你们给我的钱我会毫不客气地花光。"女儿内心依旧非常苦恼。

如果孩子视父母如"冤家"，经常与父母对着干，或是将自己封闭起来。看着自己一手拉扯大的孩子，如今的表现与陌生人无异，这无疑让父母感到痛心。这时候，双方的理解就显得格外重要。但很多父母却不知怎样理解孩子，而孩子有时候也不懂得如何理解父母。

没有理解的教育，是没有效果的教育。父母懂得对孩子尊重和信任，孩子也会投桃报李，他们也能体会到父母的良苦用心，体会到父母的初衷，这样，父母就更容易被孩子所接受。在互相理解的心态下，代沟也就慢慢消除了。

理解让父母和孩子互相尊重

生活中，父母都非常爱自己的孩子，但孩子并不买账，为此有的父母不免头疼，"到底要怎么爱孩子，孩子才能感受到呢？"其实，孩子不接受父母的爱只有一个原因，那就是父母爱得不到位，说白了就是父母不理解孩子的内心、不理解孩子的需要。

明天就是五月一日了，既是国际劳动节，也是南南的生日。晚上吃饭的时候，南南对妈妈说："妈妈，明天小雨的爸爸妈妈要带他去海南旅游，听说他们要在那里玩儿一个星期，小雨前几天就一直在学游泳。"

"哦，是吗，不错。"妈妈淡淡地说。

"而且啊，他们还买了新的照相机，看起来可炫了。"南南笑着说。

"哦，真好。"妈妈边吃边说。

"我们家的照相机已经很旧了，换个新的吧。"南南继续说道。

"嗯，再说吧，反正现在也用不着。"妈妈简单地应道。

"妈妈，您知道明天是什么日子吗？"

"我知道啊，劳动节，还是你的生日，妈妈什么时候忘记过。"妈妈笑着说。

"太好了！"南南高兴地说，心想，妈妈一定也会带我去海南旅游的，或者给我买一架新的照相机。

第二天，南南刚起床，妈妈就跑到他的床边，笑着说："宝贝，生日快乐！"

"谢谢妈妈！"南南赶紧起床。

"你爸爸给你准备好了礼物，快去看看。"妈妈笑道。

"好的！"南南连衣服都没有穿好就往客厅跑，此时爸爸正在组装一辆自行车。

"爸爸，我的礼物在哪里？"南南兴奋地问。

"在这儿呢，你看，就是这辆自行车，山地的，很帅吧！"爸爸高兴地说。

"啊？哦，谢谢爸爸。"南南挤出一点笑容，看了看这辆自行车，明显很失望。

"怎么，不喜欢吗？"爸爸诧异地问。

"没有，我很喜欢。"南南说完便离开了，表情很冷淡。

"这孩子，爸爸费了好大的劲儿才帮你组装好的，怎么还这么不满意？"妈妈看到他的表情后不高兴地说。

"因为我要的不是自行车。"南南说道。

"那你想要什么？"妈妈问。

"我昨天已经告诉您了。"南南有点激动地说。

"昨天？你没有告诉我啊！"妈妈听了觉得有点奇怪，然后仔细想了想，这才回忆起来，吃晚饭的时候南南一直在说旅游和照相机的事情，于是赶紧说："儿子，对不起，昨天妈妈没有注意，下次再给你买吧。"

"您一点都不理解我，算了，反正自行车也挺好的，谢谢妈妈。"南南微微笑了笑，回自己的房间了。

故事中的爸爸妈妈很爱自己的儿子，但是因为不理解孩子，所以没有送给儿子一件心仪的生日礼物，由此儿子有点失望。其实，在生活中，父母往往比较重视给孩子最好的物质需求，却忽视了理解孩子的内心世界。有时候父母的爱会因为对孩子的不理解而丧失力度，虽然为孩子付出了很多，但孩子基本上不接受。所以，爱孩子要爱到点子上，要理解孩子真正的心理需求，站在孩子的角度，设身处地地为孩子着想，这样才能正确传达自己的爱，也让孩子更加爱自己的父母，从而听从父母的管教。

理解孩子，首先从倾听孩子开始，父母要学着了解孩子，知道孩子需要什么、喜欢什么、为什么高兴、为什么生气等等，有时孩子不会直接地表达出来，而是拐弯抹角地告诉父母。如果父母捕捉到了孩子的话外音，就能够准确地知道孩子的喜好、烦恼等等，从而正确爱孩子、管教孩子、引导孩子，让孩子快乐地成长。当孩子感觉到父母很理解他时，他就会主动亲近父母，所以说，理解能够拉近亲子关系，改善家庭氛围，使父母和孩子互相尊重对方，并获得对方的信任。

在生活中人们会发现，有的孩子不懂得尊重他人，比如经常嘲笑某个同学的缺点，经常否定某个同学的能力等等，而这时，对方可能就会生气地说，"你真是没有家教。"

不错，一个孩子是否尊重别人，很大程度上是由父母是否尊重孩子决定的。人们常说，尊重孩子是管教孩子的第一步。尊重是一种深层次的爱。当孩子感觉到来自父母的尊重时，他才会更加和父母亲近，认真听取父母的管教，从而取得更大的进步。

生活中，有很多父母并不懂得如何尊重自己的孩子，经常把孩子当作自己的私有财产，要求子女对自己言听计从。如果孩子犯了错或者没有达到父母的要求时，父母轻则斥骂，重则奉打，这样一来，孩子的自尊心就会受到很大的打击，从而影响身心的健康成长。

尊重孩子，学会倾听孩子的心声。当孩子有心事或者和父母发生矛盾时，父母要耐心地听孩子把自己的话说完，然后再做出判断。即使孩子的观点和父母不一样，父母也不能剥夺孩子说话的权利。启蒙思想家伏尔泰曾经说过："我不同意你的观点，但是我誓死捍卫你说话的权利。"父母对孩子也要这样，这是对孩子最基本的尊重。

父母在管教孩子时，一定要尊重孩子自身的成长规律，既不能拔苗助长，也不能随意为孩子做安排。特别是在给孩子选择兴趣班时，父母不能自认为哪个有用就让孩子学哪个，而是孩子喜欢什么让孩子学什么。"兴趣是孩子最好的老师"，当孩子所学的是自己感兴趣的课程时，他的学习积极性才会提高，学习效果也会更好。很多父母总是自行安排孩子的兴趣课程，因为他们觉得孩子还没有自我选择兴趣的能力。其实，5岁以后，孩子就已经知道自己喜欢什么了，更别提已经上了小学、中学的孩子了。因此，父母大可以放心地让孩子去选择自己的喜好，然后慢慢地引导孩子不断进步。

第二章

观察孩子，知道孩子在想什么

很多家长常常这样抱怨道：「孩子把自己「封闭」起来了，他们也不和我们这些做家长的说说他们的事情。」而孩子却给出了这样的回答：「我们的需要不被大人理解，他们想起教育我们的时候，就说个没完没了，但是我们真正的内心需求却常常被他们忽视。」这种情况在家庭教育过程中是非常普遍的。其实，孩子深藏在内心世界的秘密很希望和家长分享，不管是开心的还是悲伤的。在教育孩子的过程中，要观察孩子，尤其是对孩子心理上的「观察」，这样才能知道孩子的心理需求，找到「症结」才能对症下药。

叛逆期的孩子更需要关怀

天下父母无一例外都希望自己的孩子能够按照自己的期待成长。改革开放后的中国，很多事情都打破了原有的禁忌，但"乖孩子"的形象却在家长心里没发生任何变化：聪明好学，不瘦不胖；小时候喜欢诗词歌赋，高中时对数理化精通；回家后就做作业，从亲不看电视；从来不去"网吧"，不交乱七八糟的朋友，脑子只有学习排名的概念，读过的学校应全是重点。这就是有些家长心中的优秀孩子。

人们常常在生活中会发现这样的场景，家长一遍又一遍劝孩子好好学习，孩子却嫌家长唠叨，对家长的话左耳朵进，右耳朵出。孩子在12岁左右的时候处于"青春勃发期"，这个时期的孩子渴望独立，渴望挣脱家长的束缚。正是因为这样的青春期表现特征，让孩子看上去越来越"不听话"。此时，家长和老师如果不给孩子多一分理解和宽容，孩子就会表现出厌学的情绪，以不听家长和老师话的方式来和他们对抗，以此达到宣泄自己情绪的目的。似乎在家长还没有做好准备的时候，孩子一下子变成了不听话的孩子。

妈妈推开卫生间的门，又开始斥责小芸："每次叫你先刷牙后洗脸你就是不听，明天一定要按照我告诉你的做，听见了吗？"小芸没有说话，但是从她的表情中可以看出很不情愿的样子。不久之后，妈妈又对刚从卧室出来的小芸发火了："给你新买的裙装白买了，告诉你今天穿这件衣服，你怎么还穿昨天的衣服，你是不是故意和我作对啊？"

很多家长认为孩子对自己无微不至的关怀很不领情，处处和自己对着干。家长这样想是不对的，孩子为什么要故意和家长作对呢？造成这样的结果家长应该从自己的教育方式上进行反思。小芸妈妈的出发点是好的，但是方式极为严厉，这样的教育方式怎么会不遭到孩子的反抗呢？所以家长一定要注意自己教育孩子的方式方法，给孩子尽可能多一些的自由空间，对孩子多一分理解和宽容，试着让孩子自己独立完成一些事情，培养孩子独立的精神。要避免孩子因为一些琐事对家长产生严重的逆反心理，从而拒绝接受家长所有的要求。孩子为了表达自己的意愿，有时甚至会和家长发生争执，这并不代表孩子不听话，这是他们已经成长的信号。孩子的"不听话"并不是什么坏事，"不听话"是孩子需要表达自己观点和想法的表现。如果这个年龄段的孩子还是对家长表现出"言听计从"的一面，那是不正常的，这个年龄段的孩子就是想要有自己的主见。

12岁左右是孩子向成熟期过渡的关键时期，孩子的这个年龄段让家长倍感紧张。可是，家长除了能够给该年龄段的孩子提供合适的教育外，家长事先要对孩子的突变有个思想上的准备。

大多数家长都持有这样一种观点：孩子在十二三岁之前是很乖巧的，但是一到了这个年龄段，就开始处处和家长唱反调。家长说什么他都听不进去，自己心里有什么想法宁可藏着、掖着也不愿意对家长讲，有些孩子甚至采取消极对抗家长的手段。心理学家分析了喜欢和家长唱反调年龄段的孩子，他们将孩子该年龄段划为"叛逆期"。相信下述这样的状况很多家长都遭遇过：孩子偏要在家长不说的时候说；孩子偏要在家长说的时候沉默；明明知道光靠一己之力是完成不了的事情，孩子偏要做，还不要别人的帮助。如果你家中有一个处于叛逆期的孩子，你是不是在想：孩子处处和我作对，他这到底是怎么了？

不同年龄段的孩子，在身体和心理方面有着不同的特点。尤其是处于青春期的孩子，不仅仅身体有了变化，就连思维都由形象思维逐步转变到抽象思维。这是诸多变化中最为重要的一个变化。因为这一时期的孩子有了逐渐增强的自我意识，凡事都要体现出自我，于是他们处处与家长和老师作对，以此达到体现自我的目的。老师和家长不单单是该年龄段孩子叛逆所指的对象，他们的对抗情绪甚至蔓延到整个社会。专家认为，叛逆期是孩子向成熟过渡的关键时期，所以该年龄段有以下两个特点：首先，适应社会环境的独立思考能力、感受能力和行动能力是这个年龄段孩子比较缺乏的；其次，强烈的表现欲望被刚刚觉醒的自我意识支配着。通过处处与众不同来体现自我存在的价值。这个时期的孩子喜欢穿着区别于别人，喜欢做一些引人注目的事情，说一些语出惊人的话，认为这样别人才会更加关注他们，也就达到了他们想要的效果。家长了解了这些特征，也就不难理解孩子们为什么这么做了。

　　7岁的斯蒂夫在吃早餐的时候，手里摆弄着一个空杯子。斯蒂夫的爸爸看到这一情况后立即对他说："别摆弄它了，你还嫌你打碎的东西不够多吗？"

　　斯蒂夫自信地说："放心吧，不会打碎的，我保证。"话音刚落，斯蒂夫手里的杯子就掉在地上摔了个稀碎。父亲生气地说："你真是个笨蛋，你除了会摔坏东西，你一无是处。"

　　斯蒂夫也不示弱，他说："你也是个笨蛋，你曾经打碎了妈妈最好的盘子。"一波未平，一波又起。父亲气得大声说道："你太没礼貌了，怎么叫你父亲笨蛋呢？！"

　　斯蒂夫说："是你先没有礼貌的，谁让你先叫我笨蛋的。"父亲无言以对地说："闭嘴，马上滚回你的房间。"

　　斯蒂夫看到父亲生气的样子，他也来劲了，"来啊！打我啊！"斯蒂夫带着挑衅的语气说。

父亲一下子被激怒了，他将斯蒂夫摁在地上好一顿揍。儿子也因此负气出走，直到后半夜才回家，全家人也因为这样的事情一晚上没睡好。

当孩子到了12至15岁这个年龄段的时候，这时青春期的第二性征出现，他们渴望挣脱家长的束缚，但此时他们的身心又是极为不成熟的，这就让他们陷入了"对抗整个世界"的叛逆期里。该时期的孩子性情焦躁，不听劝诫，做什么事情都要按照自己的意愿来完成。原本乖巧听话的孩子到了这个时期，也会表现出处处和家长作对的一面。

尽管家长不需要对孩子和自己处处作对的问题感到担心，但家长如果不认真处理这一问题的话，这对孩子的身心成长是极为不利的。假如家长处处干涉和限制孩子，又有可能将孩子变成一个没有独立意识的人。反之，家长明知孩子的举动属于错误的范畴，还一味纵容，久而久之，孩子就会染上各种不良习惯。因此，如何把握这个"度"，家长一定要格外小心，运用一定手段化解孩子的"刁难"，引导孩子顺利度过青春期。

对待厌学的孩子莫要操之过急

父母需要经常面对的一个问题就是孩子厌学的问题。厌学的程度分轻、中、重三个等级：偶尔对某门功课和任课老师产生不满情绪，这是程度较轻的厌学；经常对某门功课和任课老师不满，并伴有一些身体不舒服的反应，这是中度的厌学；习惯性地对各门功课和任课老师不满，并随时伴有不良生理反应的，这是重度厌学。

兵兵的妈妈发现，最近兵兵不知道为什么一提到学习脸上就出现烦躁的神情，一拿到书就哈欠不断，写作业也磨磨蹭蹭，拿块橡皮都能拿半天。妈妈让他把次日学习的内容预习一遍，他就冲妈妈嚷嚷："看什么看，有什么好看的！"经过妈妈苦苦地追问，兵兵才说了实话："我不想学习，学习太累了！"

妈妈为此感到万分焦急和苦恼，找到了兵兵的班主任。班主任告诉妈妈，兵兵最近有厌学情绪。他也正要找家长谈谈呢。

学生产生厌学情绪，但受家长和学校所迫又不得不学，于是产生了消极应对学习的情况。造成厌学的原因是学生对所学课程和任课老师心理不满所导致的。具体表现有下述几种症状：对学习提不起兴趣；上课注意力不集中，没有心思听讲；反应迟钝；写作业常常敷衍了事；作业和考试频频出错；被动学习。学生产生厌学情绪后，会把学习看成是一种沉重的负担，不仅学生自己烦恼，家长也跟着干着急没办法。

很多因素造成了学生的厌学情绪，主客观原因都有。

从主观上看，一种原因是学生在学习中经常遇到挫折，如考试失利，排名落后，经过努力却难以取得好的成绩，从而感到自己没有学习的天赋，长此以往就对学习没了兴趣，信心也随之丧失，进而造成厌学情绪。另一种原因是学生懒惰、不思进取。学习是一项长期且艰苦的过程，学习更能锻炼一个人的意志品质。由于受懒惰、不思进取等因素的影响，学生在学习上遇到困难就打了退堂鼓，讨厌学习的心理也就随之产生了。

站在客观的角度上看，因为教学模式和教材内容的枯燥乏味也会引起学生的厌学情绪。造成学生厌学情绪的另一个直接原因就是教师。教师的教学模式不当或对学生不尊重，往往也会让学生产生厌学情绪。

另外，还有社会因素和家庭因素。比如，孩子的家和学校处于娱乐场所和闹市区周围；孩子结交了不当朋友；在对待孩子的教育问题上，父母的方法不当或是漠不关心的态度也会导致孩子产生厌学心理；等等。

在诸多不良因素中，导致孩子厌学的原因首推不良的家庭教育方式。大多数家长虽然重视对孩子的教育，但由于方式方法不够科学，结果形成一些家庭教育的弊端，最后导致孩子厌学。

有的父母因为工作繁忙或者其他原因，对孩子的学习情况不闻不问，孩子因此变得松松垮垮的，导致孩子学习态度浮躁。当今社会这种现象是普遍存在的。

还有就是父母教育孩子的目标过于单一，只重视智力培养，忽视了德育和心理健康的培养。学习以外的事情，家长对孩子是不闻不问，最终导致孩子形成逆反心理。还有的父母对孩子成才的期望过高，孩子难以达到父母不断攀升的目标，造成学习心理紧张，压力太大，导致厌学。

有的父母包办过多，娇纵溺爱孩子，也会使孩子养成懒散、不愿意主动思考的坏习惯。有的家长对孩子百依百顺，导致孩子缺乏面对困难的勇气，在艰苦的学习过程中被"大队伍"甩在了后面，从而产生厌学心理。

厌学与善学、乐学相克。厌学无疑会压抑或扼杀孩子学习的热情，对孩子的健康成长与发展都会造成严重的危害。

孩子学习的最大"敌人"非厌学心理莫属，厌学对孩子的成长与发展会带来严重后果。对于孩子的厌学情绪，父母应尽最大的努力帮助孩子克服。

首先，父母不要对可塑性强的孩子用过于简单粗暴的方式管教，要理性教育自己的孩子。

莉莉刚上初中一年级。一天，莉莉的妈妈拿着莉莉的英语书，忽然灵机一动，指着书中的一个单词，对坐在屋里的莉莉说："妈妈的英语学得不好，你能教教我吗？"

莉莉接过书一看，是自己刚刚学过的内容，于是十分神气地给妈妈讲解单词的意思和用法，并将她在英语课上学到的有关知识统统讲了出来。看到妈妈"如梦初醒"的表情，莉莉很有成就感。从妈妈向她投来的欣赏的目光中，莉莉越发感到自信了。

从此，莉莉爱上了学英语，上课认真听讲，回家及时完成作业，在家中经常给妈妈"上英语课"，辅导妈妈学习英语。为此，莉莉从心底感受到了和妈妈一起分享知识的快乐。

父母学会和孩子分享学习成果，能够使孩子在学习上更有兴趣，更有信心，从而真正地爱上学习。同时，父母还应当教会孩子善于在已有知识的基础上学习新的知识，把新的知识纳入到已有的知识体系中。这样才能调动起孩子更六的学习兴趣。

其次，对那些因为懒惰、没有毅力而产生厌学的孩子，父母一方面要教育孩子树立正确的学习观，另外要制定具体的学习计划，让孩子养成良好的学习习惯，以此来克服那些消极的学习态度。父母每天要检查孩子完成作业的情况，对孩子未完成作业的现象绝不能放过，要以强有力的措施来培养孩子良好的学习习惯。一旦孩子形成了良好的学习习惯，就会改变厌学的态度。

再次，在学习上，父母还应尽量培养孩子独立思考的意识。厌学的孩子最怕在学习上遇到困难，他们的依赖心理比起别的孩子更强，什么事情都希望得到家长的帮助。父母要矫正孩子的这种散漫和懒惰的习惯。

最后，老师有时候因为自己对某个学生的态度和自己的教学方式不当，会给学生心理造成负面影响，这也是导致学生厌学的重要原因之一。因此，父母在了解这一原因之后，要积极主动地与任课老师沟通，取得老师的理解与配合。实践证明，老师对学生的态度和教育方式是增强学生学习兴趣、学习信心的关键。老师的爱与鼓励能让学生重新点燃对学习的热情，一旦对学习产生了兴趣，厌学情绪也就随之消失了。

孩子出现了厌学的苗头，只靠孩子本身是不容易解决的，只有依靠老师和家长的密切配合才能使厌学情绪得以克服。在操作的过程中，父母要做到科学分析、正确引导，和老师一起寻找使学生从"厌学"变为"好学"的法宝。

急于求成只会引起孩子的反感

俗话说得好："十年树木，百年树人。"教育孩子、培养孩子是一个漫长而艰巨的历程，这需要父母的耐心和顺其自然的教育理念。罗马城不是一天建成的，天才也不是一天培养出来的。所以，教育孩子不可拔苗助长，否则将会给孩子的成长留下隐患。

一份调查显示，现代大城市3至6岁的孩子中，有70%的孩子已经参加过各种培训班。众多父母围绕着孩子的"早教"忙碌不停，除了常规入幼儿园外，在闲暇时间不少父母还把孩子送进各种各样的培训班。于是，1岁的孩子就开始学认字，3岁的孩子开始学外语，某地一名3岁半的女孩已识字4000个，成为幼儿园的"特聘教师"。

女孩玲玲在某天表现出了对钢琴的热爱，她妈妈认为女儿有钢琴天赋，于是费尽口舌说服了女孩的爸爸，将玲玲送进了钢琴特长班。很快，玲玲就开始厌倦弹琴。但是父母耐心说服了玲玲，经过长期的练习，玲玲不断地考证，最终得到了钢琴9级证书。

玲玲在父母的鼓励下参加了一场钢琴比赛。进场后，当其他父母从女孩父母嘴里得知玲玲的钢琴已经通过了9级时，流露出了极为羡慕的眼神。一位妈妈说："你的孩子太棒了，好厉害的孩子！她一定是最棒的了。"

事实上，玲玲考级的时候只是弹几首既定的曲子，学习钢琴只是为了获得证书，并没有培养起对钢琴的兴趣和灵感。比赛中，玲玲的发挥很差，首轮就被淘汰了。事实证明，她的钢琴水平很一般。但为了练习钢琴，玲玲放弃了游戏和其他方面的爱好，更为关键的是孩子在练琴中并未感到快乐，这实在是得不偿失的。父母也非常失望，他们大惑不解，拥有9级证书的女儿竟然表现得如此糟糕。

孩子小的时候，不要急切地要求孩子有特长，应该以培养孩子的兴趣为主。对孩子有过高的期望，希望孩子掌握更多的特长，是拔苗助长的表现。当孩子学习的效果没有达到父母的期望时，很容易使孩子产生自卑感。作为父母，重要的是了解孩子，尊重孩子，根据孩子的具体特点教育孩子。

人们常说："心急吃不了热豆腐。"任何事物都有一个循序渐进的过程，绝不能操之过急。只有保持平常心，让孩子快快乐乐享受童年，扎扎实实打牢学习的基础，才能为孩子将来的成才做好准备。

处于成长过程中的孩子，玩乐和游戏是他们的天性。任何抹杀孩子的天性，人为地给孩子制造压力的做法都是不可取的。父母望子成龙心太切，拔苗助长的做法只会毁了孩子。

事实上，让孩子接受早教很多时候都带有极大的盲目性。父母并没有了解孩子到底需要什么，是要"天才"的称号，还是让孩子幸福快乐地成长。

出生在内蒙古乌兰察布市的阿华，两岁的时候认识2000多个汉字，4岁的时候就开始读小学。1987年，4岁的阿华几乎学完了小学六年级的课程。于是妈妈将他送入正规学校接受教育，他被送入当地最好的小学。

阿华只花3年的时间就学完了小学6年的课程。8岁的时候他已经读初中了，13岁就被大学录取，中科院在他17岁的时候给了他一个硕博连读的机会。他的经历使人自然而然地联想到天才。但19岁时，阿华因生活自理能力太差，知识结构不适应中科院的研究模式被退学。

孩子的成长历程中，除了学习书本知识，还应该学习生活知识，锻炼独立生活的能力。让孩子幸福快乐地成长才是最重要的。父母应该把实现这个目标当作自己的主要责任，给孩子感受幸福和快乐的机会，让孩子尽情地体验生活，感知生活。与其让孩子的生活被特长班占据，不如让孩子在课余时间去参加一些社会活动，让孩子与同伴交往，在交往中学会合作等等。其实成绩远远没有那些生存能力重要，孩子学会了生活才会懂得如何收获幸福。

研究表明，在年幼时经过"早教"的孩子，在长大后会变得不宽容和不关爱他人。这是因为孩子在进行早期教育时被父母和老师灌输了一些成年人的竞争观。举例来说，父母授意孩子尽量要和老师多多亲近，多在课堂上表现自己，想尽一切办法讨得老师的欢心，不然的话别的孩子就会取代你在老师心中的位置。久而久之，孩子的内心就会萌发竞争、争宠的观念，造成爱心减弱、内心狭隘。

其实，除了给0至3岁的孩子培养早期智力外，还有一项不可忽视的内容就是非智力素质的培养。父母不能仅把培养孩子的某项技能视为"早教"的全部，拔苗助长的做法只能为孩子日后的成长埋下隐患。

自家的孩子绝不比别人家的差

每个孩子在生活中肯定都听父母说过这样的话："你看那某某家的孩子多聪明，你看你多笨……"其实，每个孩子都是与众不同的，他们不是别人的"影子"。为了让孩子把自己的个性最大限度地发挥出来，让孩子做"最真实的自己"，父母就应该避免拿自己的孩子与别人的孩子比。

生活中，多数父母都喜欢拿自己的孩子与别人的孩子比，其中比得最多的是孩子的学习成绩。他们的目的是希望孩子在比较中看到差距，然后努力学习，提高成绩。但这却会挫伤孩子的自信心和自尊心，严重的还会使孩子变得自卑起来。

和李威一样上初中的表哥张亮经常来李威家玩，每次妈妈都会问张亮最近有没有考试，考得怎么样。张亮每次都自豪地回答："我的各科成绩都在90分以上，是全班第一名。"妈妈就会夸奖他一番，然后就会冲着李威说："看看你的成绩单，没有一科成绩在80分以上。难道咱家的学习环境比你表哥家差吗？你真让我感到失望。"

这让李威觉得自己是一只丑小鸭，永远也没办法和表哥比，学习情绪很低落，成绩也越来越差。

孩子会因为家长经常拿自己和别的孩子作比较而造成负面的心理影响。父母经常这样做的后果，会让孩子产生很多负面情绪，不单单是不开心，更有甚者还会感到恐惧、愤怒和嫉妒。拿别的孩子和自己的孩子作比较，进而贬低自己的孩子，孩子会认为这是父母不爱自己的表现，因此会越来越感到自卑。

美国学者戴维·刘易斯在他的《教育孩子四十条》中，有这样一条："从来不对孩子说，他比别的孩子差。"当然，父母用名人事迹来鞭策孩子作为学习榜样也是无可厚非的。但一定要注意方式方法，千万不要用挖苦的口气，借别人的长处来贬低自己的小孩，这样的做法是错误的。有时候还会引起孩子的不满和顶撞，影响家庭和睦。

一次测验后，妈妈对儿子小强说："看看人家，人家都能考100分，怎么就你只考了80分；人家当班干部，你连个小组长都没有当上；人家在学校运动会上都能取得好成绩，怎么就你排名最后呢，你真太不给我争气了，除了捣蛋，你一无是处！"

有一次，小强实在忍不下去了，就生气地冲妈妈喊："妈，你瞧瞧人家李阿姨当局长，你为什么只当小科长？人家张阿姨月薪一万，你怎么就三千呢？隔壁邻居有最新款的电视机，怎么咱们家就是个二手电视？你太让我没有面子了！"

妈妈一愣，忙说："小子，你怎么能说这样的话，人和人能比吗？"

儿子说："那你为什么经常拿我跟别人家的孩子比啊？"

妈妈哑口无言，聪明的孩子让母亲无言以对。

其实想想，生活的确就是这个样子。家长教育孩子要方法得当，千万别拿别家的孩子和自己的孩子作比较。每个孩子都有优缺点，如果总是拿人家孩子的优点和长处比自己孩子的短处和缺点，岂不是在灭自己孩子的威风。相反，父母用平常心来对待孩子的缺点，并鼓励孩子扬长避短，孩子也会因为这样的鞭策方式而变得优秀起来。长期处于比较中劣势地位的孩子，会逐渐认同客观的评价，主观上完全对自己失去信心。一旦造成孩子这样的负面情绪，其自卑感会影响到他对生活的热爱和信心。所以说，父母一句话，可能会影响孩子的一生，这并非危言耸听。

学会观察孩子学习差的原因

因为学习成绩差，一些孩子背上了沉重的思想包袱，在老师和父母面前，明显底气不足，在同学们面前自卑得抬不起头来；他们因为成绩差而失去很多参加别的活动的机会；就是被扣上了"差生"的帽子，他们没有勇气表达自己的思想；因为是差生，父母没有给予他们理解和支持；因为被人称呼为"差生"，他们也就失去了对学习的兴趣和热情……

当孩子把一个很糟糕的成绩告诉父母时，有些父母会抱怨孩子或责备孩子，然后唉声叹气；有的父母会暴跳如雷，大发怒火，甚至打骂孩子。这些种种不良反应，都是对成绩差的孩子的为难。

作为父母，应该通过孩子的分数自我反思，寻找教育中存在的问题和不足，以达到改进方法、提高教育效率的目的。分数只有一定的参考价值，学习成绩只能反映孩子的某些方面的素质，但不是孩子的全部，所以不应该把成绩作为评价孩子的唯一砝码。

有一个孩子非常调皮，他对学习没有兴趣，而且特别讨厌写作文。爸爸是一位报社的记者，他希望激发儿子的写作兴趣，让儿子爱上写作文。

一天晚饭后，爸爸对儿子说："孩子，你得学习写作文啦！"

"我不会写作文！"儿子一边看电视一边不假思索地说。

爸爸说："正是因为你不会写作文，所以我才要教你写作文呀。"

儿子又说："我是学不会的！"

爸爸说："学不会没关系，我会慢慢教你。"

这时儿子忍不住笑了，他说："慢慢教我也学不会！"

"慢慢教你也学不会？"爸爸反问道，"我这个周末带你去外面旅游，让你认识外面的世界，体验生活。"

儿子听到这里，高兴得手舞足蹈起来。

第二天，爸爸带着儿子去祭扫烈士墓。回来以后，爸爸问儿子有何感想，儿子说："爸爸，挺受感动的。"

于是，爸爸让儿子把自己的感受写出来，并鼓励他"只要你把你想到的写出来，就是一篇优秀的作文"。

就这样，在爸爸的鼓励和引导下，儿子学会了写作文。慢慢地，他的作文越写越好，语文成绩明显提高。爸爸再用语文成绩的进步鼓励儿子，让儿子提高数学成绩。后来，儿子自信地投入到数学的学习中。

没有哪个孩子不想成为好孩子，没有哪个孩子在得到他人的信任后还自暴自弃。在教育孩子时，为难成绩差的孩子只会让孩子变得更糟糕，让孩子失去自信。即使你的孩子成绩再差，你也不要责难或打骂孩子，而应该给孩子以尊重和信任，让孩子自信地学习，让孩子健康快乐地成长。

孩子就像一杯没有倒满的水，父母应该看到孩子已经有了半杯水，而不能因为孩子只有半杯水而否定孩子。每一个孩子都希望得到表扬，成绩差的孩子更需要表扬。所以，请不要为难成绩差的孩子，而应该给成绩差的孩子更多的认可和赏识，关爱和理解。

发掘孩子天性，让孩子尽情释放自我

人与生俱来的天性就是渴望自由，孩子也不例外。他们希望能在玩中释放自己。所以，请给孩子一定的自我空间，让他们在这种空间里尽情释放自我的真性情，这样做有益于孩子身心的健康发展。

给孩子一点释放天性的时间，在这些时间里，孩子愿意做什么，父母可以让孩子自己决定。独处也好，静思也罢，交友聊天，伙伴嬉戏，游玩赏景，自由漫步，甚至是静静地发呆和犯傻，尝试失败和挑战……或许有些父母认为，这些时间好像被孩子浪费掉了，其实并非如此。孩子在这些自我支配的时间，通过自己安排行程，来探索和认识世界，这样做不仅仅能促进孩子身心和谐发展，还能提高孩子的综合素质和能力。

大家都应该清楚，孩子的天性就是爱玩。每天给孩子一定的玩乐和游戏时间，让孩子尽情展示自己，让孩子做他想做的事情，对孩子的成长和学习是大有裨益的。

王丽的儿子今年11岁了，在一个月之前，他和班里的一个男孩子很玩得来。那个孩子胆子非常大，放学后经常来王丽家和她的儿子一起做作业，一直做到很晚，才会回家去。

最初，王丽感到很奇怪，因为王丽并不允许她的儿子私自去别人家玩。可那个孩子告诉王丽，他的父母同意他这样做。王丽也亲耳听到那个男孩给父母打电话告诉他们来王丽家写作业了，他父母没有像王丽那样断然拒绝孩子，而是对他说"行"，并告诉他几点要准时回家。要知道他家离王丽家有10分钟的路程，并且要经过几个路口，人多车多，很不安全。

经过观察，王丽发现儿子和那个男孩在一起也没做什么特别淘气的事情，只是一边聊天，一边做作业，而且遇到难题还一起讨论。当他们把作业完成之后，便在一起玩游戏。

更让王丽惊奇的是，那个男孩子晚上吃完饭，还会来她家里找她的儿子玩，玩到9点多再回去。王丽只允许他们在院子里玩，而不允许他们去离家比较远的同学家玩。但是时间一长，这个孩子的父母的做法给了王丽很大的触动。王丽的儿子自从和那个孩子亲密起来以后，就经常向王丽争取自由支配时间的权利，在完成作业后要求独自去同学家玩儿。

有一天晚上，王丽允许了儿子去广场找同学玩，并且约好八点半必须回来。结果儿子非常准时地回家了。王丽问儿子都做了什么，儿子高兴地说："玩呗！"

虽然儿子玩的时间多了一些，但是他的学习成绩却丝毫不受影响。非但如此，在那个学期的期中考试中，儿子的成绩还提前了10名，从班上的中游水平进入了班上的前列。而且王丽发现儿子的脸上微笑多了许多，她知道儿子在玩乐中体验到了许多乐趣。

在孩子成长的过程中，父母除了督促孩子学习，不应忘记给孩子自由支配的时间，让孩子有充分释放自己天性的机会。生活是充满乐趣的，只有让孩子自由自在地到生活中去体验，在游戏中去感受，孩子才能真正领悟到童年的快乐。父母应该多给孩子一点时间，让孩子去发现生活中的乐趣，让孩子更健康更自然地成长。

有一位哲人说："不要压抑了孩子的天性，世界上最有价值的财富就蕴含在孩子们的天性中。"孩子的天性需要通过自由释放才能充分挖掘出来，如果父母采取强硬措施限制孩子的自由，不给孩子玩耍嬉戏的时间，那么只会使孩子的天性受到压抑。

有一个孩子学习很好，头脑灵活，父母、老师对他有很大的期望。每次孩子做完作业要出去玩的时候，父母就强硬制止，要求孩子做完数学作业做语文作业，做完语文作业写日记，写完日记读报纸，总之一句话：不能出去玩。

时间一长，孩子发现了一个道理，无论自己作业做得多快多好，父母也不会让自己去玩，反正不能出去，那干脆慢慢做，轻松地做。从此孩子再也不提出去玩的事情了，但做作业故意磨磨蹭蹭，一道题能做一个多小时。父母看到孩子的学习劲头，别提多高兴。殊不知，孩子的天性和灵气早已被父母的强硬措施扼杀殆尽了。

给孩子充足的时间和自由的空间释放自己的天性，是孩子身心发展的需要，是培养创造性人才的首要条件，也是奠定孩子快乐成长的基础。心理学家认为，在成长过程中，孩子开拓除父母以外世界的意愿是非常强烈的，这可以培养孩子做事的积极性，发掘孩子的兴趣爱好，培养孩子独立思考和适应陌生环境的能力。

关爱孩子，不把父母的喜好强加给孩子

很多父母都有这样的想法，孩子是我的，我喜欢的他也会喜欢，我的梦想他也一定感兴趣，所以在管教孩子时，有的父母就会把自己喜欢的东西强加给自己的孩子，甚至让孩子去实现自己未实现的梦想。表面看来，父母这么做是为了让孩子能有一个美好的未来，是爱孩子的一种体现，其实，父母的这种爱是自私的。因为他们把自己的喜好强加给了孩子，无形中给孩子带来很大的压力。

"乐乐，你今天还没有练习弹钢琴，快点，不然妈妈要惩罚你了。"妈妈对正在客厅里看电视的女儿大声说道。

"妈妈，我知道了。"乐乐放下手里的遥控器，很没有兴致地说。

乐乐坐在钢琴前，开始弹昨天新学会的曲子。

"乐乐，这一段你弹得不对，整个节奏都是错误的，重新来一次。"听了一会儿，妈妈说道。

"好吧。"乐乐又重新弹起了刚才那段曲子，可是刚弹了几个音调妈妈就有点生气了。

"错了，错了，你怎么这么不认真，昨天丽莎老师是怎么教你的，难道都忘了吗？"妈妈大声地吼道。

"丽莎老师就是这么教我的，我弹得没错！"乐乐气愤地回答道。

"乐乐，今天我不惩罚你，但是如果睡觉之前你弹不对的话，我可能会采取点你不喜欢的措施。"妈妈警告她说。

"哦，上帝，我受够了！妈妈，我从来都不喜欢弹钢琴，我喜欢芭蕾，是芭蕾，不是这该死的钢琴。钢琴是你的梦想，不是我的，我不干了！"乐乐生气地用力拍了几下琴键，好像巴不得把钢琴拍坏似的。

"乐乐……"看着气急败坏的女儿，妈妈突然有点心痛。

"从今天起，我不会再碰一下这架钢琴，如果再逼迫我，我就把自己的手砍断！"乐乐说完就生气地跑了出去，留下妈妈一个人站在钢琴前面发呆。

在上面的故事中，妈妈非常喜欢弹钢琴，但妈妈小时候家里生活比较拮据，没有学习钢琴的机会，于是，她很想让自己的女儿学习钢琴，以此来实现自己童年时期的梦想。但她没有想到，自己的梦想并不是女儿的梦想，还因此伤害了女儿。

有位教育家曾经说过："父母给孩子的本应是无条件的爱，应该在爱的框架下教育孩子。不要把孩子当成自己的附属品，他们的路以后还得靠自己走。"父母是父母，孩子是孩子，每个人都有自己的梦想和喜好，父母不能因为自己有一定的权威就强行安排孩子的将来。在现实生活中，大多数父母都是比较平凡的，为此，他们便把所有的希望都寄托在孩子身上，逼迫孩子学舞蹈、学乐器、学体育、当班干部等等，一心想把孩子打造成一个全能人才，但是，这也不过是个梦想而已，很多孩子都无法遂父母的愿。

当孩子被父母逼迫着做自己不喜欢做的事情时，孩子的抵触心理就非常强烈，不但不会好好学习，甚至会故意荒废时间、浪费学习机会。这时候，如果父母越管教，他们就越叛逆，最后可能直接和父母闹翻，就像上文故事中提到的乐乐一样。其实，父母培养孩子成才并没有错，但父母不能逼迫孩子，因为"真正的天才不是逼出来的"。

除此之外，父母也不能把孩子当作自己的炫耀品。生活中不乏这样的现象，为了满足自己的虚荣心，不少父母会为自己的孩子描画蓝图，逼迫孩子学习、上兴趣班，让孩子从小就聪明、懂事且多才多艺。每次朋友们来拜访时，父母就说："我们家孩子是班长，成绩年年第一，而且还会跳舞……"朋友们听后都羡慕地应道，"有这么优秀的孩子，真替你感到高兴。"听到这样的评价后，父母们会觉得非常光荣，但孩子却觉得很无聊，因为他意识到，自己被父母当作了炫耀品。这样一来，孩子就会失去自我，他所做的一切不过是为了让父母觉得高兴，其实这并不利于孩子的成长。虽然孩子确实成绩不错，而且多才多艺，但他的内心并不快乐，而且也不服父母的逼迫式管教。总的来说，这是一种缺乏爱的管教。

在管教孩子时，父母一定要支持孩子、信任孩子，让孩子选择自己的喜好，走自己的路。而且还要尽量配合孩子，引导孩子不断的进步，帮助孩子取得成功，否则孩子就可能重蹈自己的命运。

放学后，可可回到家，看见妈妈在跳舞，于是便坐在一旁静静地看。她发现，妈妈的舞姿美极了，就像是专业舞蹈演员一样。

"哟，丫头，什么时候回来的，吓了我一跳。"妈妈看见可可后马上停下来，惊讶地说。

"妈妈，您居然会跳舞啊？"可可虽然知道妈妈喜欢看舞蹈，但还不知道妈妈会跳舞。

"我啊，从小就喜欢跳舞，那时候家里穷，没钱学习，所以就放弃了。现在生活好了，我得把自己童年的梦找回来。"妈妈说话的时候眼睛里闪烁着幸福的光芒。

"妈妈，您真好。"可可说。

"嗯，为什么？"妈妈不解地问。

"因为您没有把自己的梦想强加给我，我们很多同学的父母都没有您这么开明。"可可笑着说。

"你的人生由你做主，妈妈怎么能强迫你呢！"妈妈笑着说。

其实，父母们也可以重拾自己童年的梦，如果你喜欢舞蹈，可以在日常生活中增加一些舞蹈的内容，去上舞蹈课程、编舞等等，即使自己不能成为舞蹈家，也可以让自己做一个业余舞蹈爱好者，就像故事中的妈妈一样，努力寻找自己的快乐、自己的梦想，不在孩子的身上找自己的影子。而这样才能让孩子信服，让孩子听话。

第三章

锤炼孩子，少些溺爱，孩子才能茁壮成长

溺爱孩子的结果只能是让孩子丧失独立精神，长大后缺乏自理能力。要真为孩子好，就不要娇惯孩子，要理性爱孩子，引导孩子锻炼自己的独立能力。「淌自己汗，吃自己饭，自己事业自己干，靠天、靠人、靠祖宗，不算好汉。」这句话道出了为人处世的真理，也是望子成龙的家长应好好领悟的道理。

溺爱会让孩子永远无法独立

爱子心切人之常情，但这种爱需要正确的方式、方法。如今，有许多家长什么家务都不让孩子做，只要孩子用功读书，所谓"两耳不闻窗外事，一心只读圣贤书"，结果导致孩子产生极强的依赖感，自理能力极差。有的孩子十七八岁了还不会洗衣服、不会打扫卫生、不会做饭，甚至连香葱、韭菜都分不清楚。

试想，如此缺乏自立、自理能力的孩子，将来又怎能独自立足于社会呢？又如何去独当一面呢？看了艾森豪威尔的成长经历，相信家长能从中得到一些启示。

艾森豪威尔的父亲半生不得志，后来才在一家煤气公司当上了经理。母亲则是一个虔诚的教徒。

父亲从来不溺爱孩子，父亲从孩子小的时候就注意培养孩子做家务的能力，谁都不例外。严格的家规树立了孩子们良好的生活观和好的生活习惯。举例来说，孩子生活很规律，早晨6点准时起床，晚上9点准时睡觉。父母为此还创造出更多让孩子劳动的机会。艾森豪威尔家旁边闲着一块地，每逢春季来临，父母就带着他们在那块空地上播撒菜种。等到秋季的时候，艾森豪威尔兄弟几个就把收获的菜运到城里去卖，赚了的钱就购买衣物和学习用具。

某年，艾森豪威尔的弟弟染上了猩红热，家里的事就更多了。妈妈将家里做饭的重任就交给了艾森豪威尔。艾森豪威尔在此之前根本就没做过饭，但是，他认为只要自己努力就能把饭做好。开始，在妈妈的指导下，他每天忙忙叨叨地勉强能把饭做熟。刚开始艾森豪威尔的厨艺全家人真是不敢恭维，但经过长期的不懈努力钻研，艾森豪威尔厨艺大增，全家人都很喜欢吃他做的饭菜。

中学时，艾森豪威尔有一次和同学去郊游，他就负责给大家做饭吃。他做的土豆、馅饼和牛排深受大家好评。大家为此感到十分意外！

人们很难将艾森豪威尔的"硬汉"形象和那些"婆婆妈妈"的琐碎事情联系起来。可以说，艾森豪威尔的经历值得中国大多数独生子女家庭借鉴。作为家长，当你的孩子凡事都依赖你时，不妨将艾森豪威尔的事例说给他们听听。安逸的生活造就不了杰出的人物，早些培养孩子的独立精神，就是在激发他们内在的潜质。

家长要清楚，过度溺爱是孩子成长过程中最温柔的陷阱。孩子各方面的能力得不到锻炼，他就失去了独立、自立的可能。总之，对孩子的爱要恰当，要把握好尺度。既要有博大无私的爱，更要有理智和冷静的爱。家长理智地爱孩子，培养孩子健康的人格和独立性，将使孩子受益终身。

对孩子不合理的要求要拒绝

一些父母认为，现在生活条件好了，什么时候都不能让孩子受委屈。在这种心态下，父母对孩子几乎是有求必应。孩子要什么就给买什么，于是一些孩子拼命追求物质享受，吃的、穿的、用的都要最好的，同时对自己的东西又不珍惜。

孩子一旦养成了大手大脚的坏习惯就很难改正，而一味讲究吃穿的孩子也是很难有所作为的。

调查显示，近年来青少年犯罪率呈上升趋势，不少学生因养成大手大脚的花钱习惯，以致最后走上了犯罪道路。这值得人们深思！

教育学家告诫道：不是孩子的每一个愿望和要求都必须得到家长的满足。一味满足孩子的所有要求，这样的爱子方式是错误的。父母应当提醒孩子不要光考虑自己，也应该考虑一下家庭的其他成员。这看似简单的道理却常常被各位家长忽视。身为家长，总是想方设法满足孩子的各种需求。久而久之，孩子会养成目中无人、自私的坏习惯，而且，当他们的愿望无法满足时，他们还可能因此变得意志消沉。

在撒切尔夫人童年的记忆中，父亲罗伯茨是个不舍得花钱的"小气鬼"。有一次，11岁的撒切尔夫人买自行车的愿望被父亲拒绝了，父亲并不是拿不出买自行车的钱，但他认为女儿这个年纪还没到用自行车代步的时候，不该花的钱，父亲是一分也不会花的。

罗伯茨经常对孩子讲自己当年勤俭节约的事例。他说自己第一份工资只有14个先令，其中12个交房租，剩下的两个，一个存起来，一个做生活之用。

罗伯茨虽然对家庭成员很"抠门"，但他别人却很大方。他常常会给穷人一些东西。他对女儿说："想想是否能给别人最实际的帮助。但不是像某些人群那样，认为去市场代替穷人抗议一下就是帮穷人。重要的是你能用这些身外之物做些什么有意义的事。"

这些教育，使撒切尔夫人形成了节俭的好习惯。

节俭是一种美德。家长应当理直气壮地教育孩子节俭，让孩子懂得不是要买什么就能买什么，衣、食、住、行等各方面都不能奢侈，只有这样，才是在为孩子做长远打算。

孩子的物质要求不能都满足，要教导孩子拒绝虚荣心，因为攀比是无止境的。

基于上述情况，在日常生活中，家长对孩子的不合理要求不能不管。不要迁就孩子过分的要求，即便对孩子正当的要求，也要视家庭情况而定，不见得孩子的所有要求都要满足。但是，也要讲究拒绝的方式方法。轻易甚至粗暴拒绝孩子的方式，会对孩子心灵造成伤害。当你准备不迁就孩子的时候，那你一定要想好拒绝的方式方法。让孩子感到家长不是通过干涉自己的自由来管自己，而是自己的要求过分，或者家里的确有困难而不能满足自己的要求。让孩子从小就明白克制欲望的道理，培养孩子的抗挫折能力，这对他们日后的成长深有益处。

溺爱会使孩子产生依赖性

现如今，绝大部分家庭都是独生子女，一个孩子身上汇集了全家几代人的关爱。所以在家里，没有成人一勺一勺地喂饭，孩子就不肯自己进食；没有大人哄着，孩子就睡不着觉；没有大人陪着，小孩子就不会玩耍；起床不会叠被子，饭后不会刷碗，上学忘背书包等现象比比皆是。有依赖性的孩子，通常都缺乏责任心，遇到一点困难就把希望全都寄托在别人的身上，别人如果无法帮助自己心里还会产生怨恨。这样的心理对孩子的成长极为不利。

1989年7月10日，四川省的一位青年从6楼阳台跳下身亡，这位青年是某名牌大学计算机专业的学生××。

在别人眼里，××一直很优秀。从小到大，学习成绩一直名列前茅。每次考试结束后，他都会向老师问这样的问题："这次咱们班谁排名第二？"因为他坚信，第一名肯定是属于他的。这样的学生自然深受老师和家长的喜爱。为了××的学业，其父母可谓是费尽心血。父母不舍得让××干任何事情，都希望他把全部精力放在学习上。××是名副其实的"衣来伸手，饭来张口"。××不仅对这样的生活没感觉到无所适从，还为此感到沾沾自喜。十八九岁年纪的孩子，本应具备洗衣做饭的基本技能，但××一样都不会。

1988年7月，××以全县第一、全省第二的优异成绩，被北京某所名牌大学录取，那所大学也是他梦想中的殿堂。全家都为此感到欢欣鼓舞。9月入学时，××怀揣着梦想登上了前往北京的列车。然而入学没多长时间，××就"麻烦缠身"，洗衣、买饭这些基本的事情不会做也罢，可他连上课的教室在哪里都不知道，人际交往能力更是一塌糊涂。虽然有很多同学帮助××解决这些生活上的问题，但××还是为此感到苦恼。久而久之，××产生了休学的念头，最后向学校申请，学校也同意了。

1989年7月份，××收到了学校寄来的复学通知书。××看着手中的复学通知书感到无比恐惧，因为他不习惯身边没有父母的生活，他没有信心适应父母不在身边的生活，这种思想催生了他轻生的念头，最后他从6楼一跃而下。

××的事例值得家长深思，很多父母是不是也有意无意地替孩子完成了很多本应该是他们要做的事情呢？我国著名教育学家陈鹤琴先生曾说过："凡儿童自己能够做到的，应该让他自己做；凡儿童自己能够想的，应该让他自己去想。"这句话应该值得家长深思。

具体来说，在纠正孩子过强的依赖性方面，建议家长从以下角度入手：

让孩子做一些力所能及的事情，培养孩子的自理能力。让孩子过上舒适安逸的生活无可厚非，但家长不能忽视培养孩子综合能力的重要性。所以父母一定要将思路转变，孩子能做的事情，一定要放手让孩子去做。美国家长的做法值得中国家长去借鉴：美国婴儿从降生的那一刻起，就独自睡觉；父母培养孩子独立捧奶瓶吃奶的习惯；让孩子在大便椅上学会自己大便；让孩子在有保护措施的床上自己玩耍；等孩子到了学走路的年龄，就让他扶着车子自己学走路；待孩子长大后，帮助父母处理家务；孩子稍大一些，培养他的挣钱意识；等到上初中的年纪，家里的衣物按洗衣店的价格承包给孩子去洗；18岁以后，孩子基本上经济独立。

父母应根据孩子的能力提出相应的要求。在制定培养孩子自理能力的目标时，要根据孩子的年龄而为。如果设定的目标超出了孩子年龄的承受能力，那么，孩子不但不能达到自理的目的，还会让孩子心理受挫。其实，从孩子幼年开始，随着孩子的生理发展，孩子的活动能力逐渐增强，相应地可逐步锻炼孩子的独立自主能力。这个时期是帮助孩子养成良好习惯的最佳时期。父母在不同阶段给孩子设立不同目标，让孩子去完成。当孩子看到自己能完成很多事情的时候，他们就会心生一种成就感和责任感，从而增强自己的独立性。

面对孩子的依赖心理，需要运用一定的方式方法加以纠正。一旦在孩子身上发现有依赖性的存在，父母就有必要在第一时间纠正。首先要明白是什么造成了孩子的这种依赖性，搞清了缘由，再制订相应的纠正计划。比如，孩子不按时起床就让很多父母头疼不已。在对待这样的问题，一位父亲就做得很好。他是对孩子这样说的："你要对自己负责，上学是你自己的事情，迟到了也应该由你自己承担责任，所以请你把闹钟调好，到点了就起床。"当然这位父亲对女儿是很了解的。第二天，女儿听到闹钟声，就马上起床了。这位父亲对自己女儿的秉性很了解，只是通过一个言语上的技巧，就纠正了女儿不按时起床的习惯。这位父亲的做法值得很多父母来效仿。

父母狠心孩子才会独立

在动物界里，狐狸育子的方法是杰出的。一群小狐狸稍稍长大后，狐狸妈妈便逼着自己的孩子离开家，对那些想要回家的小狐狸又咬又赶，就是不让小狐狸进家门，最后小狐狸们只好恋恋不舍地开始自己的独立生活。

这种方法看似残酷无情，但却是最理智的教育方式。作为家长，也应该像狐狸妈妈对待孩子那样，当孩子到了自己独闯世界的时候，就应该把孩子轰出家门，让孩子独立生活，因为这将会让孩子一生受益。

杰奎琳两任丈夫分别是美国总统肯尼迪和世界船王奥纳西斯。尽管杰奎琳名扬天下，家财万贯，但她在教育自己的孩子上从不心软。她不能容忍儿子约翰日后成为一个无所事事的花花公子。约翰自幼就是一个内向且依赖感很强的孩子。为了把约翰培养成一个独立的人，杰奎琳把儿子送到很多可以培养儿子独立的地方让他接受训练。

杰奎琳在约翰11岁那年将他送到了英国一个岛屿上的"勇敢者营地"去接受训练。在那里，小约翰学会了爬山，还学会了驾驶木舟和帆船，这些都锻炼了他刚毅果断的独立性格。

在约翰13岁那年，已经开始在美国东北部的一个孤岛上独自生活，这幕后的推手又是杰奎琳。这种技能训练非常辛苦，在为期20天的训练中，没有食物，只有一加仑水、两盒火柴和一本在野外如何谋生的书。训练过后，约翰的自立能力进一步得到增强。约翰15岁的时候，杰奎琳再送他到肯尼亚的荒野里自求生存。

当约翰放暑假时，杰奎琳又送他参加为期70天的户外培训。顺便，约翰参加和平队赴马尼拉从事地震救灾的工作，以此来进一步强化约翰独当一面的能力。

在母亲杰奎琳的狠心教育下，约翰成长为一位理智节制、积极向上、自信潇洒而又圆通练达的青年。约翰在大学毕业后先在印度工作了一段时间。3年后，他被纽约大学法律系录取，毕业后被曼哈顿检查系统录用，成为一名检察官，但是在赢了几场官司后就辞职了。

1995年9月，约翰成为《乔治》杂志的创始人。

可见，约翰能够取得自己人生道路上一个又一个成功，与他母亲的狠心教育有着直接的联系。试想一下，如果杰奎琳没有在儿子小的时候狠心让他接受这些艰辛的训练，那么他的儿子将会有另一种完全不同的生活。

为塑造孩子良好的行为习惯而放手锻炼孩子的独立生活能力，这是家长给孩子最好的人生财富。自古娇儿难成材。"狠心"的家长才是真正爱孩子的家长。

罗伯茨是英国格兰文森小城的一家杂货店主，他也是撒切尔夫人的父亲。玛格丽特（撒切尔夫人）5岁生日的时候，父亲没送给她像其他孩子一样的漂亮礼物，而是对孩子说了一句意味深长的话："孩子，你必须牢记——不管做什么事情都要有自己的主见，千万不要随大溜，要用自己的大脑辨别是非"。从此，罗伯茨刻意把女儿培养成一个勇敢和独立的人，并决心注重刻画孩子"严谨、准确、注重细节、对正确与错误严格区分"的独立人格。

等到玛格丽特入学后，她发现身边同学的生活远远比自己丰富，他们可以做游戏、骑自行车，周末的时候还可以去野外野餐，这一切都是那么的诱人。幼小的玛格丽特很想和小伙伴们一起出去玩。有一天，她鼓足勇气向爸爸说出了自己的想法："爸爸，我也想去玩。"罗伯茨脸一下就板了起来，说："你没有主见吗！你不要因为朋友的举动而改变自己的想法。你应该最清楚自己需要做什么。"罗伯茨知道爱玩是孩子的天性，不让她出去玩耍，孩子肯定会一万个不愿意，但是为了培养孩子的独立生活能力，罗伯茨缓和了语气，继续劝导玛格丽特："孩子，不是爸爸限制你的自由。这个年龄段是学习知识的最佳时刻，如果你像别人一样贪玩，那么日后将无所作为。你自己作决定吧，我相信你的判断能力。"玛格丽特听完父亲这番话不吭声了。她心想："对啊，我是与众不同的，我为什么要和别人一样？还有很多书没有看完呢。"

正是罗伯茨对女儿明确目标的培养，让撒切尔夫人从一个普通的女孩蜕变为政坛铁娘子，叱咤英国政坛12年。

对于孩子而言，无论将来做什么，人生最宝贵的财富就是独立的人格。父母不可能是孩子一生的避风港，这艘"小船"总会有驶向波涛汹涌大海的那一天。所以，家长在一些方面要敢于"狠心"地对待自己的孩子。当然，狠心的前提是为了孩子的良好发展，这样他们才能尽早学会独立生活的本领。家长要让孩子用自己的头脑和眼睛认识世界，让他们成为他们自己！

过度保护只会让孩子有错难改

著名教育家苏霍姆林斯基说过："不要总是牵着孩子的手走路，而是还要让他独立行走。"最好的疼爱是手放开，家长犯懒就得"懒"出个水平，让孩子的好习惯在家长的"懒"中养成。

现如今的家长帮孩子包办了一切，连基本的家务活儿都不让孩子去做。孩子想帮大人分担一些家务，大人便会说："你只要好好学习就可以了，干什么家务活。"

这样做，其实很不明智。如果孩子什么都不做，渐渐地就会疏远这个家，长此以往就会变成一个自私自利的人。父母到那时再醒悟，为时已晚。

一位母亲说："最近我的身体状况不大好，希望女儿能帮着我做做家务，可说了好几次，女儿都无动于衷。再三催促，女儿却说：'我的任务是学习，你让我干家务活，谁帮我写作业啊！再说了，以前不让我干，我现在也不会干啊！'唉，真让人伤心。"

有个孩子，从小到大都在父母无微不至的关怀下长大，什么事情都不用她操心。等到进了大学，离开了家，离开了父母，孩子突然发现什么事都要自己做，可自己却什么都不会。记得第一次洗衣服时，她只洗了一件衬衫却倒了半袋洗衣粉。加水后，满满一盆全是泡沫，来来回回投洗了二十几次都没洗干净，衣服上还残留着很多泡沫。结果，一件衬衫花了很长时间才漂洗干净。孩子在心里埋怨父母，为什么以前不教她做，害得她在同学面前出丑。

可见，平时父母一定要让孩子多做他力所能及的事，培养孩子生活的自理能力；以免将来大人孩子都苦恼。

父母千万不要把培养孩子自理能力看成是小事，自理能力如何关系到孩子的一生。自理能力差的孩子，遇到困难就会退缩，久而久之就会形成心理上的自卑；而自理能力强的孩子，遇到任何困难好像都难不倒他，因为他对自己充满了信心，他会想尽一切办法来应对困难。

自理能力和其他能力一样，都需要父母从小对孩子进行培养。父母的娇惯是孩子自理能力不强的罪魁祸首。父母把所有的事情都替孩子打点好了，孩子什么都不干，自然缺乏自理能力，更不可能自立，这样是很难应对今后激烈的社会竞争的。如此一来，孩子只会贪图享受，势必会为他日后的生活带来苦恼。父母保护孩子的初衷是好的，可却在无形中毁了孩子的一生。

看看下面这个被儿子肖斌称为"懒妈妈"的家长是怎样教育孩子的：

肖斌小学二三年级时，妈妈就开始教他洗小衣物。一开始，小肖斌不会，妈妈就坐在旁边教他换水、漂洗。

四五年级了，妈妈开始让肖斌拖地板。看着肖斌将地板拖干净，脸颊上挂着晶莹的汗珠，妈妈虽然心疼，但却并不表现出来，只是说："儿子，你今天拖的地板，比妈妈拖的都干净。"

肖斌六年级时，妈妈开始让他洗自己的衣服。开始几次，肖斌说累，还抱怨妈妈："爸爸都那么大人了，你还帮爸爸洗，怎么不帮我洗？"妈妈说："你都12岁了，很快就读寄宿中学了。妈妈提前让你具备生活自理的能力，到时候你才能得心应手呀！至于爸爸，你奶奶说他上小学五年级的时候就能帮全家人洗衣服了！呵呵，男子汉一屋不扫，何以扫天下？"

就这样，在妈妈的引导下肖斌养成了自理的好习惯。上寄宿中学后，他一切应付自如。

孩子不可能永远在父母撑起的保护伞中生活，过度的保护只会让孩子在犯错后不知悔改。与其将全部精力花在呵护孩子平安上，倒不如抽出一部分精力培养孩子的受挫、抗挫以及应对挫折的能力。

生活自理的孩子，将来才能成为一个独立的人。父母应该依照孩子的自身能力，耐心引导孩子，给他们一些自己做事的机会，做得好则给予鼓励。最开始的引导，肯定会遇到很多问题，但孩子慢慢长大后，日后很可能他就是父母的得力助手。

孩子的成长离不开父母的恩威并济

现在的孩子大多都是在蜜罐里长大的，父母们都很疼爱孩子，就算犯了错误孩子也不会轻易挨打，所以，孩子总是觉得，无论我犯了什么错误，爸爸妈妈都不会惩罚我的。如果父母真的像孩子所想的那样，时间长了，孩子就真的被惯坏了。因此，在管教孩子时，父母要恩威并济，当孩子犯了原则性错误时，就要给以一定的惩罚，这样不但能够提高父母的威信，还会让管教更起作用。

早晨睁开眼睛，萌萌发现外面下起了大雨，便大声对妈妈说："妈妈，下大雨了，我不去上学了。"

"宝贝，怎么能不上学呢，快起来，否则就迟到了。"妈妈边做早餐边说。

"不，我不去了，我就不去了！"萌萌在床上踢着被子嚷道。

"别闹了，有这点时间，你都已经收拾好了。"妈妈把早餐端到了桌子上。

"我说不去就不去，谁也别管我！"萌萌大叫着说。

"你都多大了，还这么任性，说不去就不去，要是所有的学生都像你这样，学校怎么管理？"爸爸生气地说。

"你干吗这么凶啊，小心吓着女儿！"妈妈小声对爸爸说。

"你就惯着她吧，早晚会惯坏的。"爸爸大声说道。

"哼，我就不去，看你能把我怎么样！"萌萌在床上撒泼着说。

爸爸听了火冒三丈，二话没说，抬手在萌萌的屁股上打了一下。

"呜呜……我就不去……"萌萌吓坏了，边躲边哭边说。她从来没有想过爸爸会这样打她，但还是嘴硬，以为这样爸爸就会停手。

谁知爸爸听了更是生气，做着又要打的架势。

"呜呜……妈妈……妈妈……"萌萌哭着喊妈妈求救，但是妈妈不敢过来解劝，她也知道，就是自己平时太惯着萌萌了，所以萌萌才会这么任性。

"我去上学……呜呜……我去上学……"萌萌终于投降了。

"快点收拾！"爸爸停下手，大声训斥她说。

萌萌赶紧穿好衣服，然后洗漱、吃饭，背上书包跑到学校去。有了这次经历后，萌萌再也不敢赖床了，每天都起得很早。刚开始她还埋怨爸爸打她，但是后来她也认识到了自己的错误，也从心里感谢爸爸，尊敬爸爸。

故事中的萌萌平时很受父母的宠爱，性格很任性，说一不二，爸爸狠狠地教训她一顿之后，她果然改掉了坏毛病。虽然起初埋怨爸爸的责打，但后来也认识到了自己的错误，开始尊重爸爸、信服爸爸。管教孩子不能一味地顺从孩子，溺爱孩子，该惩罚时还是采取一定惩罚措施的，这样恩威并济才能让孩子更听管教。当然，打孩子不是好的教育方法。

在生活中人们发现，如果父母只是批评、训斥孩子，虽然孩子表面看起来很听话，但孩子内心并不服气。这样不但不能树立父母的威信，反而会影响亲子关系；如果父母一味顺从孩子、迁就孩子的错误，孩子就可能忽视父母的权威，而且还会慢慢养成很多坏习惯，到时候父母就算再用惩罚的办法也很难纠正孩子的毛病。所以，该严则严、该宽则宽才能树立父母的威信、收到更好的管教效果。

"妈妈，我想出去玩儿一会儿。"明明对妈妈说。

"不行，在家里复习功课！"妈妈严肃地说。

"可是，我已经写了一天的作业了，想休息一会儿。"明明觉得很委屈。

"你现在出去玩儿，可是你的同学们都在努力学习呢。你已经上初中了，如果不努力，怎么能考上重点高中呢？考不上重点高中，你还有希望考上重点大学吗？好好想想吧！"妈妈认真地分析道。

"好吧，我知道了。"明明说着便回到了卧室，她翻开书，眼睛却看着窗外玩儿得很高兴的同学，不一会儿眼泪就顺着脸颊流了下来。

如果溺爱孩子，会让孩子依赖父母，变得以自我为中心，而把孩子管得太严，不但会束缚孩子的性格和心理发展，还会让孩子对父母产生恐惧心理，从而疏远父母，而这种亲子关系并不利于父母的管教，所以，惩罚孩子要适时、适度。

管教孩子要有适当的惩罚，但不能让惩罚成为孩子的家常便饭，因为惩罚就像是抗生素，偶尔用一用很管用，但是长期用人体就会对其产生抗体，慢慢地，它的药效就会越来越小。所以说，惩罚孩子就要像使用抗生素一样，偶尔用一用可以，而且要用得恰到好处，这样才能起作用，否则不但不能管教好孩子，反而会让孩子厌烦父母。

所以，在教育孩子的问题上，父母一定要把握好严和宽的分寸，这样才能让孩子愿意亲近父母，与父母的关系更加融洽和谐。

第四章

考验孩子，吃过苦才知何为甜

没有人能给生活贴上永久顺利的标签，困境总是隔三岔五地来拜访人们的生活。不同的人会有不同的生活困境，懦者尽生烦恼，度日如年，畏者胆怯不前，锐气尽失，志者自强不息，在困境中开拓出希望的天地。纵观古今，是挫折成就了英雄豪杰们的业绩。

经历过挫折，才会变得坚强

挫折，是事情结果超出预期时的一种心态和感受。每个年龄段的孩子都会有不同的挫折体验，同样，在挫折面前的表现也不同。

人生在世，难免遭遇挫折。对年纪小的孩子来说，失去最想玩的玩具，或是想吃零食的时候妈妈却加以阻挠，这些都可导致孩子挫折感的形成。小孩子通常是通过哭闹或是发脾气的方式来表现挫折感。而当孩子年纪大一点，他们挫折感的来源就不一样了。他们遇到那些和自己预期的结果不一样的事情发生时，会更加表现出生气、沮丧等多种负面的情绪。

挫折对于孩子而言是无法避免的。既然这样，家长就应该培养孩子面对挫折和应对挫折的能力。那么，什么样的方法才能帮助父母引导孩子面对挫折呢？适当的挫折教育就是最好的方法。挫折是一种财富，是成功必然经历的阶段，因此，父母必须指导孩子学会直面挫折。

家长在孩子遭受挫折时没能给予正确引导，孩子就会丧失信心，遇事变得软弱无奈。因此家长就要合理地引导孩子，让他们学会坦然面对挫折，培养对挫折的承受力和意志力。

大多数孩子遭遇挫折后很容易产生消极情绪，面对挫折他们往往选择的是逃避的方式。比如，有的孩子在大考当天忽然就会拉肚子或发烧，这种孩子都有一个错误的逻辑，怕受挫折，害怕失败。他们认为放弃就不会失败。能改变这种情况的唯一手段就是父母在孩子遭遇挫折时，应当教育他们要勇敢面对挫折，要有战胜挫折的勇气和信心。与此同时，父母还要叮嘱孩子不要担心失败而畏首畏尾，要放手大胆地去干。失败了也不可怕，也没有什么大不了的，失败了可以再来。

父母要引导孩子在不断的失败、不断的挫折中磨炼自己的意志。当孩子在不断的困难当中经受磨砺并战胜困难后，他们的勇气会因此而得到激发，战胜困难的欲望也就愈发强烈。这样，恐惧心理也就随之消失，而自信心也会得到增强，这时的孩子已经完全具备了抗挫折的能力。

心态决定一个人的命运。一个人具有良好的心态就具备在任何环境和条件下生存的能力。那些在逆境中成长起来的人往往比常人更加具有竞争力。

美国著名心理学家特尔曼教授和他的学生柯克斯博士曾对300多位伟人进行了分析与研究，通过研究他们发现这些伟人无一例外都具备了积极乐观的性格。对于青少年的成长来说，积极乐观的性格对他们的影响是巨大的。

有这样一个故事：

一个背负沉重行囊的年轻人不远万里来拜访无愁大师，他说："大师，我很孤独，经过长途跋涉，我现在已经是疲惫不堪了；因为鞋坏了，我的脚也被划伤了；手上被划出很多道口子，血流不止；嗓子也变得嘶哑，为什么心中的太阳还是不能被我发现？"大师问："那你为什么不放下你的包裹呢？"青年说："这个行囊对我来说太重要了，里面装满了沿途所有的痛苦……也正是因为它，支撑着我找到了您。"

大师将这个年轻人带到一条河边，并划船渡过了这条河。上岸之后，大师对这个年轻人说："这条船归你了，你把船扛上赶路吧！""我的天哪，怎么会扛着船赶路呢？"青年人感到万分惊讶。大师微笑着说："是的，孩子，你怎么可能扛动它呢？船在我们渡河时是有用的。但过了河，我们就要弃船而行。否则，我们背着这条船上路的话，它就会成为我们的累赘。痛苦、孤独、眼泪、灾难都能提炼我们的人生，让我们从中受益，但要是紧紧抓住这些痛苦不放，它们也就成了我们人生中的包袱。学会放下吧！孩子，生命中不能有太多的负重。"听完大师说的这些话，年轻人有了感悟。正如大师所说，人生的旅途中不必背负太多。

教育孩子的过程也是一样，父母一定要时刻帮助孩子放下负担。教育孩子不要因为小有成就就骄傲；也不要因为遇到困难而打退堂鼓。因为这两种情况都会造成不良后果。父母要帮助孩子及时化解那些因为挫折而产生的种种悲观情绪、不良情感或心理障碍，使孩子形成乐观自信的性格。

很多父母持这样一种观点，他们认为越是年龄小的孩子，其心理承受能力就越弱，所以不敢让孩子遭遇过多的挫折。其实，挫折对孩子而言还是有帮助的。能够经得起挫折并能战胜挫折的孩子，往往从挫折中塑造了良好的性格，同时还提升了他们实际应对事物的能力。所以，家长有义务让孩子对挫折有个清晰和正确的认识，继而引导孩子正确面对挫折。父母也可以将自己曾经遭遇挫折和战胜挫折的经历告诉孩子，进而用这些事例暗示和引导孩子战胜挫折，培养他们面对挫折的勇气和信心。

让孩子从小体验赚钱的艰辛

常听到一些父母这样说："我们小时候条件差，吃尽了苦头，现在有钱了，不能再让孩子重复我们的生活了。"父母的爱子之心可以理解，但孩子根本就不知苦为何物，所以就不会珍惜当下的幸福生活。因而，一些父母一方面全力满足孩子的需求，一方面又为孩子大手大脚花钱感到苦恼。

只有让孩子明白赚钱的不易，生活的艰辛，他们才懂得体恤家长的辛苦，进而养成不浪费、勤俭的好习惯。最好的办法就是让孩子设身处地地体验挣钱的艰辛，在现实生活中锻炼生存能力，做一个自强自立的人。

曾经看过这么一篇小作文，主要讲一个三年级小学生洗车的经历，我不禁为文中的小主人公所感动。

老师给我们布置了一项寒假作业：靠自己的劳动获取5块钱的酬劳。我还愁用什么方法挣这5块钱的时候，突然在父母聊天的内容中得知，因为快过春节的缘故，洗车的费用比平时贵了一倍。真是踏破铁鞋无觅处，得来全不费功夫。我自告奋勇地说："爸爸，我洗车只收10元钱，价格公道吧？"在爸爸看来车是他的命根子，爸爸用疑惑的目光看着我。但在我的几番攻势后，爸爸终于答应了我这一要求。

我做事从不拖拉，我马上找来了水桶、毛巾、手套，把湿毛巾拧干后用力地擦着车门。一下，两下……为了让老爸这个客户能够满意，我使出浑身解数，认真地擦着每一个角落。但我越是卖力，车门就越擦越脏。站在一旁的老爸已经对我无可奈何了，我就当什么也没发生过，依然我行我素地擦着。

真是天公不作美，越冷老天爷越是要下雪。我已经被冻得通红的小脸蛋上沾满了雪花，雪水融化后打湿了我的衣服，慢慢地外面的衣服冻成了硬纸壳，而内衣却被汗水浸湿。费了半天劲一扇车门还没擦完，我真后悔作这个决定，但我不能做那种言而无信的事情，我一定要坚持把这项工作做完。雪漫天飞舞着，不一会儿，已经有一层薄薄的冰冻在了车身上。我小小的身躯在风雪交加中围着汽车转来转去。

这车擦得连我自己都看不下去了，爸爸终于忍不住了，叫停了这项任务……

虽然我没能完成这项工作，但爸爸还是支付了那10元钱的酬劳。当爸爸将钱放在我手中时，我的眼眶里饱含着热泪。我这时才发现：看起来简单的事情做起来并不简单；回报是建立在辛苦劳动的基础上的。

"赚钱"是要付出无数滴汗珠的，孩子只有明白了赚钱的不容易，才能体会到生活的幸福，也就会倍加珍惜。家长在爱孩子的同时，不妨让孩子吃点苦，这样更加有利于孩子成长。

在欧美发达地区，家庭越是富裕，就越会培养孩子参与到一些家务中来，以此达到培养孩子独立做事的目的。

据调查发现，美国孩子每周有五小时的家务要做。实际上，让孩子参与家务劳动并不是浪费时间的事情，通过做家务的实践，孩子反而会从中学到很多经验。

美国父母会在每年的四月利用一天闲暇的时间，带上自己的孩子去自己工作的地方让孩子看看自己辛苦工作的情景，以此来让孩子明白劳动的艰辛。

瑞士人提倡小学生"挣钱"体验生活。瑞士的小学里专门开设了一些打工赚钱的实践课程，以此让孩子在实践中体验到赚钱的不易。除此之外，学校还会定期组织模拟市场，让同学们从家长那儿"进货"，当然，这些"货"无非是一些吃吃喝喝的小玩意儿，然后孩子就把这些东西拿到学校的模拟市场来交易。露营、参观等活动的经费就是从孩子挣的这些钱中支出的。等到节假日的时候，就会看到瑞士的一些街道和集市上有很多中小学生拿着自制的工艺品和小食品叫卖。大多数人们都会支持学生这样的举动。这是勤工俭学，也是体验生活。瑞士的孩子从小就受到这种自食其力的教育。

为了孩子将来能在社会上生存，并有所作为，就不要把孩子天天泡在蜜罐里。要让孩子早日明白生存的艰难，挣钱的艰辛，只有这样，孩子才能用自己的双手创造幸福，做一个自强自立的人。

"逆境"是孩子最宝贵的财富

　　每个人都喜欢舒舒服服的顺境，而不喜欢逆境。尤其是现在处在蜜罐中的孩子更是不愿意经受一丝苦难。家长更是为孩子撑起了多重保护伞，生怕自己的宝贝遭遇逆境，受苦受累。

　　其实，对孩子来说，一味生活在顺境中不见得是好事情，这样的孩子经不起一丝的苦难挫折。而逆境是却是人类灵魂得到升华的助推器。它可以磨炼人生，增长才干。

　　能在逆境中奋起的人，才能自如地决定自己的人生。狂风大浪下造就了精悍的水手，硝烟弥漫下英雄辈出。没经过逆境，想要出人头地就是天方夜谭。几乎每一个杰出人物的成功都离不开苦难的磨炼，只有战胜磨难，才可能成功。

　　球王贝利的第一个孩子出生时，记者向他道贺说："你儿子如此强壮，将来也一定会像你一样成为一名世界级球星。"谁想到球王贝利却做出了这样的回答："动物园里的狮子是不会自己打猎的。我儿子不具备成为优秀球员的条件，因为他现在的生活环境太好了，他不缺乏物质条件就丧失了竞争意识，而在我的成长阶段，我的家庭是十分贫穷的。"

　　不经一番寒彻骨，哪得梅花扑鼻香。正是因为贫寒的家境造就了日后的贝利。他为了梦想而努力奋斗，终于在逆境中崛起，最终获得球王的美誉；而他的儿子就像是温室中的花朵一样，想要达到他父亲那般高度是很困难的。可见，逆境是强者的成才之路。

林肯9岁丧母。22岁经商失败。23岁，竞选州议员落选。同年，工作丢失。想就读法学院，却未被录取。26岁时，未婚妻在准备结婚前不久就撒手人寰；27岁时，因精神问题在病床上卧床长达半年之久；29岁丧失了州议员发言人的机会；34岁又在国会大选中失利；37岁在国会大选中获得成功，任职期间颇有作为；39岁时连任失败；45岁在美国参议员竞选的道路上以失败而告终；47岁，竞争副总统失利；51岁时成功当选美国总统。林肯是美国最成功的总统之一。

林肯的人生大起大落，一生几乎都是和失败相伴，好在他没有气馁，能乐观地面对失败并战胜失败，在逆境中不断前行的他练就了坚毅的性格，最终在逆境中赢得了成功。

一颗坚定不移的心会让任何一个人战胜困难，最后获得成功。

明代大学士宋濂，出身贫寒，因为买不起书他只好借书苦读，当借到书后他就会做大量的笔记。寒冬腊月，手冻得都伸不出来，但他仍旧坚持做笔记。为寻师求学，他不远百里，不畏严寒，"负箧曳屦，行深山巨谷中"，最后回到家的时候，手脚已经不能活动了。就是在这种艰苦条件下成长起来的宋濂终成一代大学士。

逆境和每一个人都有着千丝万缕的联系，越不是沃土，越能长出罕见的花朵，能够战胜逆境的人就像是一只翱翔于天际的苍鹰，孤独而苍劲。

一位父亲带着儿子去参观凡高的故居，在看过梵高那些破旧的家具后，儿子向父亲提出了这样的问题："凡高不是很有钱吗，怎么住得这么寒酸？"父亲答："凡高是穷人，他一生连个老婆都没娶上。"第二年，父亲又带着孩子前往丹麦参观了安徒生的故居，儿子又向他发问："安徒生的家不是在皇宫里吗？"父亲答："安徒生生活在阁楼里，他是个鞋匠的儿子。"水手是这位父亲的职业，伊东·布拉格是他的儿子，后来他的儿子成为美国历史上第一位获普利策奖的黑人记者。

"会像其他黑人一样没有出息"这是这名黑人记者曾经的想法。但是对凡高和安徒生的人生有了深刻的认识后，他明白了只有自信和勇敢地去实践才能战胜一切困难。

有句话说得好："穷人的孩子早当家。"现如今大学毕业生涌向社会后，一时半会难以找到很理想的工作。有些人会选择回家"啃老"，伺机看能不能有一番作为。而有一部分人，因为家里供自己上大学已经债台高筑，全家人都指望着自己改变家庭的命运。他们并没有因为找不到理想的工作而气馁。他们在逆境中挣扎着、努力着，他们大多数人的勇气就由此而来。他们的潜力也因逆境而激发，抱着勇往直前的信念走向了成功。逆境对他们来说无疑是通向成功路上的一针强心剂。也许在多年以后回首往事，他们会感激在逆境中努力的自己成就了现如今的自己。所以逆境是一面双面镜，你要看到它积极的那一面，很多积极的因素都是因为它而激发，正确对待逆境也就离成功不远了。

人生的路不可能是一条坦途，难免遇到崎岖和坎坷。遇到这些难走的路时，只要坚定自己的信念，鼓起战胜困难的勇气和信心，就能成为人生真正的赢家。

一位商业界呼风唤雨的老板在其四十岁之前一事无成，甚至就连他的结发妻子也看不起他。但他没有因此而放弃自己，他孤身一人投身商界，从摆地摊开始做起，经过10年不断地努力和奋斗，他的身价已经达到了几十亿。

苦难是暂时的，幸福也只是暂时的。人们会因为逆境而激发出惊人的能量。逆境并不可怕，悲哀的是你看不到蕴藏在逆境中的机遇，如果你只看到了它消极的一面，你只会消极下去，直至尽头。如果你看到了它积极的一面，那么积极的因素将会带你走向越来越高的人生高度。

总而言之，逆境是人生口一笔宝贵的财富。能战胜逆境的人往往能自如应对一切环境。所以，孩子成长必经的阶段就包括逆境。要让孩子学会怀揣着一颗感恩的心面对逆境。教导孩子明白逆境是提升一个人能力的契机，只有战胜了逆境才能迎来人生中一个又一个的巅峰。

经历过失败才知道成功的滋味

在孩子的成长过程中，失败和挫折是在所难免的。失败是磨炼人的意志的宝贵机会，经得起失败的考验，才能成为真正的强者。所以，鼓励孩子勇敢地接受失败，然后战胜失败，走向成功，应该成为父母教育孩子的重要一课。

没有哪个人的一生是一帆风顺的，每个人都要经历这样或那样的失败和挫折。要想获得成功，就要经历千百次的尝试和努力，克服重重困难。当孩子在一件事情上付出诸多努力的时候，等待他最后的结果有可能会是失败。这个时候，父母就应当及时鼓励孩子，让他们鼓起勇气，勇敢地再试一次、两次甚至更多次，直到成功。

科学家做过这么一个有趣的实验：他们将一条梭鱼和许多小鱼放在

了同一个水池里，梭鱼如果饿了，只要张张嘴，就可以吞进很多小鱼。随后，科学家找来了一个玻璃罩，罩住了梭鱼的嘴。在最初，刚戴上玻璃罩的梭鱼看到小鱼还会往过冲，但每次它张开嘴都吃不到小鱼。

慢慢地，梭鱼失败的次数越来越多，直至最后，绝望的梭鱼放弃了捕食小鱼的努力。科学家在这个时候撤掉了那些玻璃罩，梭鱼还是对那些小鱼无动于衷，任凭小鱼从自己的眼前掠过，梭鱼是真的绝望了。最后，梭鱼被饿死了。

这个故事并非说明梭鱼脑子太笨，因为它确实是捕食小鱼的好手。在正常的环境下，它也能独立生存。但是面临无数次失败之后，梭鱼对自己的捕鱼能力产生了怀疑，最后变得绝望起来。

其实孩子何曾不是这样呢？当孩子屡次遭遇挫折和失败后，如果父母不及时地指导和鼓励孩子，反而责骂孩子，就会让孩子渐渐失去信心，变得软弱和退缩，最终难以成功。但是如果孩子能得到父母的引导和鼓励，孩子就不会轻易丧失信心，而是勇敢地面对失败，渐渐培养出对失败的承受力和意志力。

春节的时候，李浩从电视上看到欢庆春节的热闹场面总少不了踩高跷，于是对高跷产生了浓厚的兴趣。爸爸认为通过参加踩高跷这项活动可以锻炼孩子的意志和勇气，于是就买了副高跷给孩子。

爸爸在给孩子绑好高跷后，说："行了，站起来吧！"李浩早就有点按捺不住了，这会儿赶紧兴奋地想站起来，可是刚一起来，却又坐回到椅子上。

爸爸就问他："怎么了？怎么不站起来呢？"李浩老实地告诉爸爸说："我怕摔倒。"爸爸听了后就鼓励他，让他再次站起来往前走。

在爸爸的鼓励下，李浩鼓起勇气，晃晃悠悠地站了起来，可是才迈了一步，就扑通一声摔倒了。这下，李浩的脸上可没有了刚开始时兴奋的表情了，取而代之的是一脸恐惧。

爸爸见李浩害怕的样子，就亲切地告诉他："摔跤没什么可怕的，不管是谁，刚开始学的时候都要摔跤，不摔跤是学不会的。来，不要害怕，我们再试一次！"

李浩还是有些犹豫，爸爸又说："不用怕，爸爸小时候也是这样学的，鼓起勇气，很快你就能学会的。来，继续吧！"

就这样，在爸爸一次次的指导和鼓励下，李浩终于学会了踩高跷。他感到很高兴也很自豪。

人的一生都会有失败的时候，而且失败确实让人感到沮丧，但更令人难过的是受别人的冷嘲热讽。所以，当孩子失败时，父母应该鼓励孩子，让孩子明白，失败没有什么可怕的，这次不行，下次再来，多试几次，总会取得成功的。父母对孩子的鼓励和引导，是孩子勇敢面对失败的强大动力。

锻炼孩子的适应能力，让孩子独立

现在的孩子在家里都很受父母的宠爱，父母也经常担心孩子在外面会受委屈，被人欺负，所以总希望孩子待在自己的身边，不要离开。就算孩子渐渐长大了，父母也改不了这样的想法，恨不得把孩子"捆"在身上，走到哪，带到哪。

父母这样的行为，对培养孩子的独立性十分不利。当孩子长大成人后，也可能会无法适应社会生活。

而且，随着孩子年龄的增长，父母陪伴在孩子身边的时间越来越少，孩子就会感到孤独、寂寞。如果孩子的独立生活能力和社交能力较弱时，就会变得无法适应新的环境，从而变得沉默寡言，无法独立生活。

　　从小到大，小文一直就被家人宠着。但随着年龄的增长以及父母工作越来越忙，小文觉得自己越来越孤独了。久而久之，他变得不愿意结交新朋友，每到一个新环境，都会变得十分紧张，无法适应。

　　小文的父母因为工作调动不得不让小文转学，但在新学校里，老师发现同学们找他一起玩儿的时候，他表现得很不安，经常喜欢一个人待在角落里。

　　由于身边的一切都改变了，小文身体上也出现了很多不适应的地方。先是对新学校的食物"过敏"，相同的食物，其他同学吃着没有任何问题，但是小文却总喊肚子痛。

　　面对新的教课老师，小文总是感到紧张和害怕，上课时总是没办法集中精神认真听讲，就连平时很擅长的科目也渐渐地跟不上了。

　　直到半年后，小文才渐渐适应了新的生活环境，但这个时候小文的父母却告诉他，"我们又得搬家了。"

　　这让小文感到十分恐慌，新环境到底是什么样的？我能适应吗？会不会被新同学欺负呢？老师会不会喜欢我？

　　一连串的疑问让小文很焦虑，终于因为心理压力过重而病倒了。

　　小文的父母十分苦恼，孩子的适应能力这么差，他们真的很担心儿子再这样下去，将来即使长大成人也无法适应这个社会。

　　孩子终有一天会长大，会面对这个复杂的社会环境。但是如果孩子缺乏适应能力，独立生活的能力差，就会变得很难在社会上立足，生存都有可能是个大问题。

　　父母不可能陪在孩子身边一辈子，因此培养孩子的适应能力，是很有必要的。那么，哪些行为说明孩子缺乏适应能力呢？

其实在孩子很小的时候，父母就可以通过一些行为看出端倪。比如，讨厌换衣服、换床单，不愿意接受新的玩具，到了一个陌生的环境后就会不安，甚至哇哇大哭等。有时候，孩子在新环境下还会出现自我保护反应过于强烈的情况，比如，变得十分情绪化，爱哭、睡觉不踏实、没耐心、坐立不安、胆小、怕生等。

当孩子出现这些反应时，父母就要引起注意。孩子很可能适应能力比较差。那么，父母应该怎么做才对呢？首先，过分的训斥孩子肯定是不对的。父母应该首先了解孩子反常的原因，多跟孩子沟通、交流，根据孩子的不同情况，想办法改变孩子。

其实，适应能力较差的孩子大多离不开父母，只要父母一远离自己的身边，就会产生焦虑恐惧的情绪，甚至大哭大闹，难以在新环境中独自生活。所以，父母在孩子还小的时候，就不能过于溺爱孩子，避免孩子对父母产生强烈的依赖性。父母要培养孩子的独立性，训练孩子对外界的适应能力，不要孩子一哭，就马上跑到孩子身边问这问那，心疼不已。有时候，必要的"冷漠"还是应该的。此外，当孩子在适应新环境的过程中有了进步时，父母要及时表扬孩子，恰当地表扬与奖励，会让孩子更加有信心去适应新的环境。

另外，父母要多带孩子出去走走，如果条件允许，可以经常带孩子出去旅游，让孩子多接触外面的世界，渐渐熟悉陌生的环境。父母还应多创造机会让孩子接触新鲜事物，鼓励孩子在陌生环境中积极和他人交往。当孩子逐渐可以顺利和他人交谈接触后，父母就可以放心地安排一些需要独自外出的活给孩子，让孩子逐渐适应社会生活，不再害怕面对新环境和新事物。

妈妈带儿子去公园玩，游玩的人很多，妈妈总担心儿子会出意外，就一直紧紧牵着儿子的手往前走。但儿子觉得自己都十来岁了，还被妈妈牵着手走，有些丢人。

儿子对妈妈说："妈妈，你就让我自己玩吧。"

　　"不行，万一摔到了、走散了，该怎么办？"妈妈说。

　　儿子无奈地叹了口气，对妈妈说："妈，我都十几岁了，难道还不知道自己家怎么回家吗？摔倒了我自己爬起来不就行了。"

　　"那也不行，乖乖地跟着妈妈走。"妈妈坚决地否定了儿子的建议，一定要牵着儿子的手在公园里逛。

　　儿子不想让妈妈总把他当成小孩子一样照顾，但又不知道该怎么拒绝妈妈的好心，最终，还是任由妈妈拉着他在公园里逛来逛去。

　　之后不久，爸爸为了培养儿子的独立能力，把儿子转到了一个寄宿学校读书，妈妈一开始怎么也不同意儿子搬到学校住，后来见儿子下定了决心，孩子的爸爸也十分支持，只好勉强答应下来。

　　但在送儿子去学校的路上，妈妈一个劲地嘱咐儿子，什么东西该吃，什么东西不该吃，晚上睡觉的时候注意不要踢被子，早起要先喝一杯白开水……

　　"妈，你到底想不想让我学会独立生活？"儿子实在受不了了，就冲着妈妈吼了起来。

　　妈妈一愣，怎么她关心儿子，还变得是不想让儿子变得独立了？

　　妈妈不舍得放儿子"走"，担心他离开自己身边后不会照顾好自己。这样做的结果，只能让儿子变得束手束脚，无法独立生活下去。孩子其实天生就有独立的性格，只不过在成长过程中，有的孩子的独立性格被父母扼杀了而已。所以，父母应在反省自己的教育方式的同时，为孩子创造一些独立生活的机会。比如，选择一所寄宿学校让孩子住校一段时间。这样不仅能让孩子体会到集体生活的乐趣，还能在同龄人的影响下学会独立做事，即使他不会做的事情，也会因为环境的影响而尝试着去做。

第五章
松绑孩子，
谁都希望拥有自己的天空

望子成才其实并没有想象中的那么难。但是家长一定要放手给孩子一些独立处理事情的机会，长此以往孩子才能更加适应社会！看看那些凡事都被家长做决断的孩子吧，走上社会后，他们往往表现出自理能力差、交际能力差的一面。这样的结果正是由于家长的无微不至的『关怀』所致。任何一位家长都不希望自己的孩子在未来的道路上遭遇诸多不顺，所以请放手给孩子一些锻炼的机会吧。

孩子的兴趣让孩子选择

对于孩子来说，兴趣是非常重要的。孩子因为有兴趣可以将一件事坚持到底。如果让孩子做一些他不喜欢做的事情，孩子必然不会乐意，也难以有所成就。

王华从小就对小动物非常感兴趣，他经常沉迷于研究小动物的生活习性的乐趣中。初中时，他总趴在地上观察小动物，常常弄得满身是泥。父母对此非常生气，觉得王华不务正业，于是对王华管得很严，尽量不让王华出去玩。父母希望他上美术、书法等兴趣班。

最初，父母不在家的时候，王华就溜出去到附近的公园继续观察动物。有一次，父母看到他带回家一只蜘蛛，为此他们感到非常生气，呵斥王华带了一个不干净的东西回家。爸爸把那只蜘蛛踩死了，妈妈也摔烂了他积累多年的装有各种动物标本的"百宝箱"。那一刻，王华彻底绝望了，他跑回自己的房间默默流着眼泪。

从那以后，王华的学习成绩一落千丈，他不再活泼开朗，父母为此常常恼火，甚至怀疑孩子的智力有问题。而王华的生物老师说："王华这孩子特别聪明，如果好好培养，他将来很可能在研究动物方面做出成绩。"

王华父母的做法值得人们反思，在现实生活中很多父母会犯这样的错误。他们没有站在孩子的立场上去理解孩子，而是人为地限制、干涉孩子追求自己的兴趣，这样不仅会使孩子对自己的爱好产生怀疑，严重的会使孩子产生逆反心理，影响孩子兴趣的发展。

同时，很多父母还会强加给孩子一些要学的东西，这使孩子失去发挥自己才能的机会，容易使孩子产生厌烦心理。例如，有些孩子本来对绘画不感兴趣，被父母逼迫着每天练习画画，结果绘画技术总是得不到提高，于是恨孩子不争气的父母就把孩子当成撒气筒，用"你怎么这么笨"等词语责骂刺激孩子。长此以往，孩子难免产生叛逆心理，严重的还会使孩子变得自卑并产生自闭倾向。

赵亮在公立幼儿园，接触的兴趣班很少。一到周末，爸爸就带他到书法班学习。每个周末都坚持去，爸爸很辛苦，赵亮却很不愿意去。后来，爸爸又给赵亮报了舞蹈班，赵亮依然没有表现出学习的热情。看着孩子每天闷闷不乐，一有空就躲在自己的房间里，爸爸心里也不好受。

有一天，妈妈整理赵亮的房间时发现床底下的纸箱子里有很多画。画的人物肖像表情很生动，但多数是沮丧和失落的。妈妈既为赵亮的绘画才能感到吃惊，又为赵亮自卑消极的心态担忧。后来妈妈和爸爸把赵亮叫来，倾听他的想法。赵亮说出了对绘画的兴趣，最后父母给赵亮报了绘画兴趣班，赵亮在绘画中找回了自信的感觉。

充分挖掘和发现孩子的兴趣很重要，但更重要的是尊重孩子的兴趣。遗憾的是，有的父母却做不到这一点。他们不懂得站在孩子的立场上去考虑问题，把自己的意愿强加给孩子，这是典型的不尊重孩子兴趣的表现。这样只会人为地把孩子的兴趣"磨灭"掉，甚至落个悲惨的结局。

为人父母者如果不容许孩子找到他真正的兴趣，孩子的学习动力和干劲儿就无法表现出来，孩子的想象力就难以发挥出来。受父母强制的孩子，往往会和父母失去感情联络，变得不快乐。在这种重压下成长起来的孩子，很容易产生心理问题。

所以，父母应该给孩子充分的空间和自由，不把孩子局限在父母限定的兴趣班里。要主动了解孩子的兴趣，尊重孩子的兴趣，千万不能把孩子真正的兴趣"磨灭"掉。

管教孩子需从放手开始

家庭教育看似简单，但要想把家庭教育做好，却是一门很深的学问。家长应该明确自己的教育观，自己的主要任务是给孩子提供良好的学习条件，在一些事情上可以给孩子参考性的建议，但最终的选择权应该还给孩子。家长应该引导孩子树立正确的学习观，养成良好的学习习惯。至于其他的，应更多地让孩子自己去切身感受。对孩子不要给予太多的束缚和压力。给孩子太大的压力，孩子不堪重负，结果适得其反。很多孩子厌学、逃学，家长们常常将责任归咎于孩子，但家长有没有认真想过，这样的结果可能是家长一手造成的！

有些家长常常不信任自己的孩子，他们往往表现出口头相信，但内心却总把孩子往不好的地方想，从而造成了越是担心什么就越发生什么的悲剧。孩子有自己的逻辑思维和做事的方式，所以，请给他们多一些理解吧。但有些家长总是喜欢用自己的思维方法给孩子下结论，他们不会站在孩子的角度思考问题，常常对自己的孩子进行呵斥，正是因为他们没有意识到未成年人和成年人思维上的区别，而导致了一系列的不良结果。一般情况下，如果孩子敢向家长表达自己的想法，这说明亲子关系是开放的，这样的关系可以让彼此敞开心扉自由交谈。如果家长的出发点总是为了维护自己的权威，对孩子没有一丝笑容，强迫孩子按照家长的意愿行事，这样做不仅伤害到了孩子的自尊心，造成亲子关系的疏远，更会让孩子不愿意和家长交流，隐藏自己的想法，所以家长应当给孩子更多的自由和信任。

总之，如果孩子能够从家长那里得到足够的信任和支持，一旦孩子产生什么想法，他们会及时和家长沟通。在这样环境下成长起来的孩子也必定是一个乐观自信的人。

面对孩子的成长，家长应当放开手脚让孩子去做他们认为能做的事情，孩子经过实践的检验才会得到成长和进步。经历的挑战越多，孩子才能有勇气去面对社会上更加错综复杂的挑战。家长一定要特意培养孩子的独立意识。不管孩子身在何处，家长都应该给孩子一些选择权，让他们选择自己想做的事情。例如，和周围的人发生争执时怎么处理，遇到其他问题自己应该做怎样的决策，从小就培养孩子独立思考和解决问题的能力，这样更有利于孩子将来的发展。

让孩子学会把握自我

不少成年人有这样的毛病，非常在乎别人是怎样看待自己的，自己毫无主见，自己的想法容易被别人左右。他们要做事，总是会考虑别人怎么看、怎么想、怎么评价。为什么会出现这种现象呢？其源头在童年。童年是性格形成的重要阶段，如果孩子在童年时期从来没有过自己的主见，从来都是按照别人强加的意愿办事，这样的孩子长大后容易受到别人客观评价的影响，甚至依赖别人对自己的评价。

其实，孩子与生俱来的优点就是不在意别人的眼光，他们初来乍到这个世界上会做出很多让人匪夷所思的举动，他们才不会在意别人是怎么看待自己的。是成年人逐渐改变了孩子的性格，让孩子活在了别人的世界里。

父母教育孩子懂礼貌，逢人便打招呼；安全第一，就怕孩子发生意外，就算是孩子走路时不小心摔了一跤，自己都会内疚很久，恨不得自己替孩子走路；他们不准孩子游泳、穿溜冰鞋；饮食起居等方面做得更是无微不至，就怕比别家的孩子吃得差，就怕衣服的牌子没有别家孩子的好；吃喝玩乐都由父母作决定，孩子根本没有选择权。在这种教育方式之下，孩子变得盲从、没主见，迷失了自己，做不了自己的主，长大后自立能力也差。

一天，一位母亲她带着 5 岁的孩子向一位著名化学家求教成才之路。化学家得知母子俩的来意后，并没有直接告诉他们自己是怎样踏上成才之路的，而是带他们进了一间实验室。化学家在走进实验室后，迫不及待地在孩子面前展示了一瓶黄色溶液。

孩子用好奇的眼光盯着那瓶黄色的溶液，非常兴奋但又不知道教授的用意，过了一会儿不由自主地将手伸向瓶子。这时，母亲拍了孩子胳膊一下，吓得孩子已经伸出去的手立刻又缩了回来。

此时化学家放声大笑，对那位妈妈说："您不是请教我成才之路吗，我的答案已经给您了。"母亲疑惑地望了望化学家。化学家漫不经心地将黄色溶液倒进了自己嘴里，笑着说："实际上这就是水而已。因为你的呵斥，很可能就吓走了一位天才。"

孩子天生无所畏惧，富有好奇心，喜欢冒险，有积极探索的精神和勇气。孩子来到这个世界上，对自己及周围的环境是不了解的，他们只有通过各种活动，不断积累各种成功或失败的体验，才能对自己的能力有所认识。孩子对各种新鲜事物总抱着跃跃欲试的态度：从来没学过游泳，就想试试自己能不能在水里漂起来，归根结底都是源自孩子的好奇心，他们总是想对背后的真相一探究竟。

可是很多父母，不懂孩子的成长规律，常常对孩子发号施令，强迫孩子做自己不喜欢做的事情，慢慢地造就了孩子屈从的性格。

所以，正确的做法是大胆放手让孩子去探索，父母不要前怕狼后怕虎，要让孩子把握自己。这样才能培养出有用的人才。

让孩子学会跌倒后自己爬起来

父母在孩子成长的过程中一直扮演着保护者的角色，直到孩子完全独立，他们才会完全放手。因为长时间父母替孩子做了本应由孩子自己做的事，孩子无形之中养成了凡事依赖父母的习惯。聪明的家长将挫折视为教育孩子独立的好机会。

在《聪明的一休》动画片中，有这样一个情节让人过目不忘：

为磨炼一休，母亲让一休去寺庙当和尚，独立生活。有一次，一休不慎被一块石头绊倒，自己的腿也磕破了，可站在一旁的母亲却视若无睹，不愿伸出手来拉一休一把，母亲只是冷冷地说了一句话："跌到了就用双手自己撑着爬起来。"

一休从母亲的话中明白了一个道理，自己跌到了就自己爬起来。

谁都有过跌到的经历，但每一次重新站起来之后，就会发现自己比跌倒前站得更稳。这样，孩子不仅感受到家人的慈爱和鼓励，更发现了隐藏在其中的力量。这是一种鼓舞的力量，时刻滋润着孩子幼小的心灵：不流眼泪，要坚强，要靠自己的力量站起来！

美国总统约翰·肯尼迪的父亲从肯尼迪小的时候，就很注意对他独立精神的培养。有一次父亲驾驶着一辆马车带肯尼迪出去玩。由于车速过快，肯尼迪在一个转弯处从马车上甩了出来。当马车停下来时，肯尼迪原以为父亲会亲自扶他起来，但父亲并没有这么做，而是坐在车上，悠闲地吸着香烟。

肯尼迪大声说道："爸爸，帮帮我，扶我起来吧。"

"你一定摔得很疼吧？"

"是的，我觉得我好像站不起来了。"肯尼迪哭哭咧咧地说道。

"再疼也要自己坚持站起来。"

肯尼迪摇摇晃晃地站了起来，挣扎着爬上了马车。

父亲随即向爬上马车的肯尼迪发问："知道我这么做的原因吗？"

肯尼迪不解地摇着头。

父亲接着说："人生就是不断地跌倒和重新站立。不论在什么时候都要靠自己，没人会帮你的。"

从那件事情之后，父亲就更加注重对肯尼迪独立精神的培养，例如常常带着肯尼迪参加一些社交活动，教他一些交际能力，在不同的场合如何展示自己的谈吐和气质，如何坚定自己的信仰等等。有人问他："每天等着你要做的事情有那么多，你从哪里腾出来的时间教孩子这些？"

谁料肯尼迪的父亲给出了这样的回答："我在教肯尼迪如何成为一名总统。"

小孩跌倒并不是什么稀奇的事情，但每次如果小孩要依靠大人的力量站起来，久而久之就会使孩子养成一种依赖感；除此之外，孩子跌倒了就哭，如果家长不及时制止的话，会让他们变得更加娇弱。肉体上摔倒不算什么，怕就怕日后心理上摔倒后爬不起来，所以，从孩子小的时候就应注意培养他们自己爬起来的精神，将来他们才能鼓起勇气面对更多的困难。

然而并不是每个家长都能做到这般"狠心"，引导孩子独自站立。现实中，很多家长更愿意看到孩子的成功，害怕看到孩子失败，所以每当孩子遭遇困难时，这些家长就显得沉不住气，总会在第一时间对孩子施以援手。更有甚者，不论何时何地总会跟在孩子的身后，从来不给孩子遭遇挫折的机会，凡事都代而为之。最常见的就是，孩子一摔倒，家长们连忙上前搀扶。其实孩子只要没摔伤，家长们应该鼓励孩子靠自己站起来。过分溺爱孩子，会让孩子丧失信心，不能独立面对挫折，这显然是教育中最大的败笔。

别总对孩子不放心

现在有很多家长生怕孩子受一点罪，吃一点苦，但他们忽略了一点，那就是孩子也是家庭的一分子，他们也应该对家负有责任。帮助父母做些力所能及的事情，不仅不会对孩子造成伤害，还能让孩子体会到自身的价值。

小宝已经上小学五年级了，他觉得自己已经可以独立做很多事情了，可是妈妈从来不舍得让他帮忙。

一天傍晚，妈妈买东西回来，由于东西太沉了，妈妈显得很吃力，小宝就自告奋勇："妈妈，我帮你提吧，我很有力气！"没想到妈妈却摇摇头说："你还小呢，提重物不利于长身体。"小宝失望地"哦"了一声，心想：我真没用，都不能帮妈妈一把。

网上一篇文章提到一个12岁的女孩，与自小收养她的奶奶相依为命。老奶奶如今已经80多岁了，行动不便。这孩子每天靠捡拾废品补贴家用，不仅能照顾奶奶的起居，还能够保持学习成绩优异。

当然，家长会说，我们家日子没过到那份上，怎么可能让孩子受那份罪？没错，条件好当然不用受罪，但适当地锻炼孩子还是必需的。什么也不让孩子做，最终只会培养出一个缺乏自理能力的孩子。

很多时候，家长们不妨在孩子面前表现出"弱"的一面，然后"求助"于孩子。不要认为孩子起不到多大的作用，甚至会帮倒忙。凡事贵在参与，孩子也需要有展示自己的机会。孩子觉得父母也有需要自己的时候，这本身就是一种极大的鼓励与肯定。孩子有被肯定的心理需要，他能做成一件事，帮助一个人，就无形中说明他是个有价值的人。

一天傍晚，妈妈经过小区门口的超市顺便买了一箱牛奶回家。孩子见妈妈穿着高跟鞋和长裙子提着牛奶很不方便，就说："妈妈，我来帮你提吧？"妈妈有点诧异，但高兴地说："是挺沉的，要不你试试？""放心吧，我能行！"说着，孩子抱着那箱对他来说并不轻松的牛奶就往楼上走。

妈妈跟在后面边走边说："哇，好厉害，真的搬动了！但是，如果你感觉到累了，可以放下东西休息一下再走，或者妈妈和你接力搬。"没想到小家伙竟然一鼓作气将牛奶搬回家中，并十分自豪地说："妈妈，我一点都没感觉到累！"妈妈不由得赞叹："儿子，你真是妈妈的小男子汉啊！"

实际上，孩子完全有能力去做很多事情，只不过很多家长将孩子的这些潜力"扼杀"了。因为家长总是对孩子的能力产生怀疑，不肯给他们锻炼的机会。家长应该注重培养孩子的动手能力，培养孩子的胜任感，让孩子在完成某件事情上增加自己的信心，这样，孩子才能得到真正的锻炼。

孩子的自由来自父母的信任

很多父母总是希望孩子得到最好的生活和照顾，总担心孩子会做不好事情，对孩子的能力持怀疑态度，不辞辛苦为孩子安排好一切，以为这样就是对孩子好。实际上，这样做却是在害孩子。父母不放手，孩子就无法顺利成长起来，长大后也不会自己照顾自己，无法独立完成学业和工作。

而且，很多父母自认为为孩子铺好了道路，希望孩子能按照他们的想法发展，做得更好，甚至是最好。一旦孩子没有达到父母的要求，就会受到批评和指责，开始怀疑孩子的能力。而缺少父母信任的孩子也会变得惶恐不安，当感受到父母怀疑的目光和言语时，就会对父母的"教育"产生抗拒心理，和父母"对着干"。所以，父母的信任，对培养孩子独立自立的性格起着至关重要的作用。那么，父母到底应该怎么做，才是信任孩子的表现呢？

父母不要把自己的孩子和他人做比较。

天天觉得爸爸妈妈很矛盾，总是一边说他不会做事，一边又不让他做事。而且，天天一直很反感妈妈总是拿他和邻居家的小伙伴做比较，每次妈妈一提邻居家的小伙伴做了什么出色的事情，他就会扭头回房间，把自己关起来。

今天，天天把这次的考试成绩单拿回了家，妈妈看到了成绩单后，皱着眉头说："这次怎么成绩下降了？你看看邻居家的孩子，这次考试又是满分，你就不能向他学学？"

一听妈妈说这些话，天天就不想待在客厅了。

但妈妈并没有察觉到孩子的反感，继续说道："你说你平时都能办成什么事？邻居家的孩子现在都能帮爸爸妈妈算账了，你呢？我让你洗件衣服你都做不好，再这样下去，你长大了可怎么办啊？"

"又来了！"天天嘀咕了一句。每次只要他考得不好，妈妈总会把邻居家的孩子搬出来和他比较一番，他又不是菜市场的菜，让人挑来捡去的。而且，衣服不是他不洗，有一次，他都把衣服泡在水里了，只是妈妈怕他浪费水，还洗不干净，就不让他洗了。

很多时候，父母经常想不通，为什么我的孩子总不如人家的孩子呢？难道我的孩子比别的孩子少根筋？其实，很多时候，只是父母管得太多，才让孩子变得束手束脚的。当父母在拿自己的孩子和别人家的孩子相比较的时候，孩子其实也在心里做着比较。当孩子经常听父母说自己不如别人时，他们的自尊和自信就会受到严重打击，让他们变得优柔寡断，不再敢独自做事，这对培养孩子独立自主的性格十分不利。

因此，为了孩子的健康成长，父母也不能总拿自己的孩子和他人做比较。父母要信任自己的孩子，如果孩子学习不好，可以发掘他身上的其他优点和特长，培养孩子自强自立的性格。

父母要多激励孩子，多和孩子进行感情上的交流，有时候一句话或者是一个眼神就能鼓励孩子。

孩子在成长的过程中，需要父母的赏识和肯定。当孩子得到父母的鼓励时，内心就会充满喜悦，期望自己能有更好的表现以得到更多的赞赏。这不仅能增加孩子的自信心，还能逐渐让孩子变得自强自立起来。而且，孩子所需要的也不多，父母也不用在孩子做成某件事时给予孩子丰厚的物质上的奖励，只要一句赞扬，一个亲昵的动作，一句肯定的话语，就能激励孩子，让孩子自信起来。

父母要给孩子一个完全自由的、专属的空间。比如，孩子自己的卧室，既然是孩子生活的"秘密空间"，父母在进入时就要给予一定的尊重。进孩子的房间时，父母应该先敲门，得到允许后再进去。没有得到允许，孩子房间内的个人物品父母不应乱翻，如果不小心碰到，要马上向孩子说明和道歉，得到孩子的谅解，给予孩子足够的理解和尊重。

日常生活中，父母要用自己的言行举止向孩子传递自己对孩子的尊重和赏识，和孩子像好朋友一样相处。这样当孩子遇到事情时，才会愿意把心里的秘密向父母倾诉，寻求帮助。

第六章
教育孩子，好好说话莫打骂

不少父母一旦发现孩子做了错事，就破口大骂，当孩子考试成绩不理想时，马上火冒三丈，甚至辱骂、斥责孩子，这不利于孩子的身心健康发展。孩子的自信心和自尊心也会因此备受打击，可能使孩子变得自暴自弃。

柔声细语胜过大喊大叫

有些孩子对于父母说的话就像没听见一样，任凭家长在一旁喊得声嘶力竭，孩子都无动于衷。父母有没有找到原因呢？一起看下面的例子。

"丁丁，去把手洗干净，要吃饭了。"7岁的丁丁自顾自地看着动画片，对于妈妈连续三次的召唤都无动于衷。妈妈火了，扯着嗓子大声训斥："你没长耳朵吗？没听见我在叫你吗？"并走上前去关掉了电视。丁丁很无辜地垂下眼皮，很不舍地走出房间，随后低声嘟囔："你玩电脑的时候，我叫你，你不也听不见嘛！"

生活中经常会出现孩子对父母的话不理睬的现象。有的父母认为孩子这样的行为是一种不尊重家长的行为。其实，遇到这种情况，父母不妨朝好的方面去想想，说明孩子做事注意力集中。同时，不要急于给孩子扣帽子，责骂孩子"不长耳朵"，要用爱心去感化孩子，并传达对孩子的信任。父母还应该及时地反省自己，看看自己有没有过错。

很多家长会对着孩子大喊："我再警告你一次，下不为例，你听见没有？！"父母的怒吼在很多情况下并不能起到很好的效果。

更关键的是，大声怒斥只会把孩子推到对立面，让彼此的关系更为恶化。

英国教育协会的斯塔朋·斯科特教授表示，"大声吼叫并不能唤起孩子对这个世界的激情，相反，孩子很抵触家长对于自己的怒吼，这对他们心灵的伤害是巨大的"。美国心理学家苏·格哈特也认为，有时候，孩子的压力是因为家长对自己的怒吼而产生的，而且怒吼对于孩子大脑的成长是极为不利的。

对孩子大声喊叫下命令是最不明智的做法。应该用温和的态度对孩子进行说服，这样孩子会觉得父母的说教是亲切的，他们愿意按照父母说的去做。

还拿妈妈催促正玩得高兴的孩子吃饭做例子。显然，孩子正在兴头上，妈妈大叫："准备吃饭了，赶紧洗手！"一般不大可能有效果。此时对孩子发火，孩子反倒难以理解父母的反应。如果想让孩子听话，请家长们放下手中的事情，把孩子带到一个安静的场所并对他们和声细雨地进行说服。其实，每个孩子有着很强的好奇心，你对他说话的方式越是柔和，他越能对你说的话产生信服感。

如果妈妈实在是生气了，可孩子还是没有任何反应，妈妈就需要来到孩子面前，轻抚孩子的肩膀，讲清道理，帮助孩子停下手里的事情。说话时，妈妈最好用双眼注视着孩子。这样有助于将双方带入平静的状态，久而久之，孩子也会养成认真听别人说话的习惯，这是一种尊重别人的表现。

父母学会控制自己的情绪很重要，在你将要发怒的时候要想办法使自己平静下来。比如，数几个数，或是进行深呼吸。如果你情绪失控对孩子发了脾气，一定要向孩子道歉，告诉孩子家长也是普通人，也会犯错误，孩子一定会改正自己的问题。

批评也是一门艺术

很多家长一提到批评，就会想到言辞激烈、狂风暴雨的场面。事实上，和声细语，打温情牌，对犯错的孩子多一些宽容，使孩子的内心受到感化，往往会收到更加神奇的效果。正如苏联教育家苏霍姆林斯基所说："有时宽容所起的道德震动将比惩罚更强烈。"

怀着愧疚心情的方圆回到家中，因为贪玩她回家晚了，妈妈责备她说："你太不像话了，这么晚才回家！"方圆立刻回了妈妈一句："随你怎么说吧！"然后，一头扎进了自己的房间就不出来了。

反复出现这样的情况后，妈妈也在反思自己：孩子现在的自我意识和自尊心越来越强。反复出现这样的现象，是自己没有注意到孩子的变化，批评孩子的时候无形中伤害到了孩子的自尊心，也难怪孩子生气了。

意识到了这些，当方圆又一次贪玩回家晚的时候，妈妈改变了说话方式。妈妈说："太担心你了，不过回来就好！先吃饭吧，你一定饿坏了。知道吗？饭早就做好了，爸爸妈妈一直在等你呢。"方圆听妈妈这样一说，有点意外，但很快她就主动向妈妈解释她晚归的原因，并请父母原谅。

没有批评的教育是不完整的教育。如果父母不得不批评孩子，也不要总是用那种刻板的方法，最好能换一种孩子容易接受的方式。这样，孩子会认为父母批评是为了自己好，就不会产生逆反心理。

北斗是一个可爱的孩子，但总是小错不断，妈妈用尽了各种方法，他就是改正不了。这让妈妈很为难。有一天，妈妈有事要晚回家，给北斗写了一个留言条在桌子上，告诉他回家之后先做什么，再做什么。结果，北斗那天表现得非常好。于是，从此以后，妈妈就把北斗的错误用小纸条的形式写出来，婉转地告诉他，有些事情该怎么做。如果北斗连续几天没犯错误，妈妈就会在小纸条上写满鼓励的话。妈妈会将这些小纸条放在各个角落，不论孩子在哪里都会看到。

这位妈妈的这种教育方法抓住了小孩子好奇心强的特点。当小孩子看到新鲜事物时，他总是会因此琢磨半天，而当他发现了一张小纸条的时候，他肯定迫切地想知道纸条上的内容。当孩子读懂纸条上的内容时，他也会为此感到十分高兴，并愿意照着上面写的去做。

在批评孩子时，如果能换一种批评方法，在批评的"冷酷"之中，加进去一点温情的鼓励，那么父母的批评可能就会收到事半功倍的效果。

我国著名教育家陶行知在育才小学当校长时，看到一位同学正在用石块打另一位同学，就上前制止了他，并要求他在放学后去校长室门口等候。

下午放学后，陶行知回到校长室，发现那位同学已经在校长室门口等候了，就掏出一颗糖果给他说："这是奖励你的，因为你比我还要准时。"接着又掏出一颗糖果给他："这也是奖励你的，因为我制止你打同学，你马上就停止了，说明你尊重我。"那位同学诚惶诚恐地接过糖果。陶行知又说："听说，你打同学是因为他欺负女生，说明你非常有正义感。"于是又掏出第三颗糖果给他。这时那位同学哭了，对陶行知说："校长，我错了，同学再不对，我也不能打。"陶行知满意地笑了，立刻又掏出第四颗糖果说："你已经知道错了，再奖励你一颗，我们的谈话到此结束。"

批评孩子是一门艺术。批评得当，对孩子会产生积极的影响；批评不当，容易造成孩子逆反心理的产生，之前的教育成果也会因此毁于一旦。陶行知换了一种批评的方式，就让孩子在甜蜜、新奇中受到了教育。

批评是为了成就孩子，而不是伤害孩子。如果家长在批评孩子时讲求一些方式方法，照顾孩子的情绪，尊重孩子的感受，家长的批评将收到意想不到的效果。以激励的口吻批评孩子，不仅保护了孩子的自尊心，也能让孩子正视自己的错误，并愿意改正。

抛弃对孩子的负面评论

希望自己的孩子出类拔萃，是每个父母的心愿。但是当孩子无法满足父母的心愿时，许多父母便会感到悲观失望、心灰意懒，并在不经意间对孩子的未来加以否定。比如，有的父母看到孩子不认真读书或是不听自己话时，就气急败坏地说出一些令人泄气的话："你这辈子完蛋了！""你将来还会有什么出息呢？""你还想考上重点大学，做梦吧！"

父母这些挖苦和嘲讽的话，会对孩子造成很大伤害，使孩子对自己失去信心。

一项社会调查显示，不少孩子犯罪是因为长期生活在父母的蔑视中，对未来的信心受到了打击，产生了"破罐子破摔"的想法，从而自暴自弃。不论孩子的年纪如何，父母对孩子的评价孩子是最在乎的。父母对孩子能力的否定，会给孩子带来极大的打击。尤其是年龄较小的孩子，对父母的话更加在意。

李薇是一个初三的学生，父母对她说："你好好读书就行了，不要为其他的事情担心。"但是他们不知道，李薇的成绩并不理想，每当考试失败的时候，她总是悄悄落泪，但是又不敢告诉父母。

初三上半学期的期中考试结束了，李薇的成绩十分不理想。她的心理负担很重，害怕父母的批评和责骂，害怕亲戚朋友的笑话。果不其然，担心的事情终于来了。放学回家后妈妈问李薇："期中考试的成绩怎么样？"李薇吞吞吐吐了半天，不敢把成绩告诉妈妈。这时爸爸走了过来，严厉地问李薇："考得怎么样啊？不会说话吗？"李薇只好如实相告。

不出李薇的预料，爸爸妈妈得知了她的成绩后非常生气。他们说："我们给你好吃的好喝的，不让你做任何事情，你竟然考这么一点分，看来你这辈子完了，读完初中就去打工算了，考什么大学啊！"

面对父母的责骂，李薇默默地流着眼泪。说实话，李薇也付出了很多。每天她都在认真地学，可是爸爸妈妈从来没有体会到她的感受，进步了不给予鼓励，退步了又非常不满，李薇的心一次又一次地被父母伤害。面对责骂，她不敢争辩什么，她害怕伤害了父母。

当孩子考试成绩不理想的时候，他们心里会很难受，他们希望父母给自己安慰和鼓励，而不是批评和指责，更不希望父母把自己看得一无是处。

许多父母对孩子有这样一种心理，那就是"恨铁不成钢，急死亲爹娘"。他们为孩子投入了许多金钱和心血，孩子的成绩却远离他们的期望，这确实是一件让人沮丧的事情。但是那也不必急着否定孩子的未来。因为一个人的前途和未来是难以预料的。如今的许多企业家，有许多在童年的时候或是农家子弟，或是调皮捣蛋的"坏孩子"。

一个人能否有美好的未来，取决于多方面的因素。有的孩子不喜欢读书，但是擅长经营；有的孩子不善写作，但是擅长与人打交道。所以，父母不能轻率地否定孩子的未来，不管孩子目前多么平淡无奇，只要给孩子鼓励和认可，让孩子对未来抱着"前途大有可为"的信念，就会激起孩子无穷的力量。

爱迪生、安徒生以及爱因斯坦等等，在孩童时期并不是父母眼中的聪明孩子。但是他们在父母的鼓励下，凭借自己的努力，获得了非凡的成就。所以，请父母不要把孩子看扁了，不要把话说绝了。

心理学家在调查中发现，带有 "傻瓜"、"没用的东西"、"废物"、"你这辈子完蛋了"等字眼的话语是最让孩子们感到恐惧和自卑的话。孩子之所以害怕父母或老师说出这样的话，是因为他们的心理、意志是脆弱的，他们也希望得到肯定和支持。孩子在精神上阳光与否，取决于父母的话是鼓励还是贬斥。

粗暴的呵斥只会让孩子觉得颜面扫地，无地自容。

聪明的父母绝对不会否定孩子的未来，而是用指导的话语引导他们渡过难关。聪明的教育方式就是不挖苦自己的孩子。请抛弃一些负面的评论吧，向自己的孩子倾注更多的关爱。这样，孩子才会健康快乐地成长。

父母越批评，孩子越叛逆

想象一下，如果丈夫开着车拉着妻子外出，丈夫不小心转错了一个弯，妻子便生气地说："为什么转错了？难道你没长眼睛吗？那么大的路标，任何人都能看见。"丈夫会有什么样的感受？相反，如果妻子充满温情地说："没事，前方2000米处还有一个出口。"丈夫的感受又是怎样呢？

很明显，前一种话语中带着责怪，让人很反感；后一种话语中带有包容和爱意，会让人受感动。所以父母在教育孩子的时候，要用善意的指导和关爱代替批评和责骂，这样才能让孩子虚心接受父母的意见。

8岁的约翰不小心碰翻了他手里的果汁，妈妈看到这一幕之后，平静地说："打翻了果汁没关系，我们再去拿一杯，还要拿一块海绵过来，将打翻的果汁清理干净。"说着就把果汁和海绵递给约翰。约翰抬起头来看了看妈妈，面带微笑地说："哎呀，谢谢你，妈妈。"他把桌子擦了一遍又一遍，直到干干净净、一尘不染为止，当然，妈妈也没有闲着，而是帮他一起擦桌子。

对于约翰不小心犯的错，妈妈没有给他严厉的批评，也没有说一些无用的忠告，而是充满爱意地指导。博得了约翰的理解和感谢，在妈妈的指导下，约翰干得非常漂亮。相信下次约翰不会再犯同样的错误，即使犯了同样的错误他也会知道怎样处理。

在许多家庭中，父母很难像约翰母亲这样做。一旦孩子出现错误，父母便大声呵斥孩子，有时甚至带着侮辱性的语言。这样的教育方式往往会适得其反。

徐婷婷已经8岁了，有一次她不小心弄丢了戒指上的诞生石，伤心的徐婷婷随即大哭起来。爸爸抚慰着伤心的孩子："宝贝儿，你要明白好心情才是这一生中最重要的，是其他物质不可比拟的。谁都有可能出错，有可能弄丢东西，但是东西丢了我们替换回来便是了。你应该开心地去寻找那个诞生石，我看得出来你确实喜欢那个戒指。"果然，几个小时后，徐婷婷开心地告诉爸爸："我找到了诞生石。"

父母一味呵斥出错后的孩子是没有好处的，结果只会让孩子对父母产生反感和厌烦的情绪。如果孩子经常处于被批评的状态下，则结果更为糟糕。所以，父母应该给孩子更多的指导而不是批评。

给孩子辩解的权利

在教育孩子的时候，父母经常会遇到孩子顶嘴、反驳、顶撞等看似不礼貌的行为。面对这种情况，有些父母会将孩子的这种行为视为对自己的不尊重，是一种不礼貌的行为，于是狠狠批评孩子，甚至打骂孩子，希望孩子以此为戒；而有些父母则给孩子争辩的权利，认真地听取孩子陈述争辩的理由。

到底应该怎样面对孩子的争辩呢？德国儿童心理学专家认为，孩子敢于同父母进行争辩，是一种自信的表现，以后会比较合群和有创造力。汉堡心理学家安格利卡·法斯博士证实："隔代人之间的争辩，对孩子来说是走上成人之路的重要一步。"

　　颜先生身为某市科技协会副主席，对儿子在学校的表现充满期待。他希望儿子当个三好生。可是儿子都上初三了还没有当上三好学生。一次，儿子把取回的成绩报告单交给他时，他发现儿子的成绩很好，但老师的评语中有一条是：上课喜欢做小动作。于是他便生气地数落儿子。

　　听了爸爸的指责，儿子坐在沙发上大哭起来。等颜先生说累的时候，儿子突然对他说："爸爸，你能不能听我讲个故事？"颜先生感到很奇怪，就答应了儿子的要求。

　　儿子讲的故事是：两个小组参加一次竞赛。预赛中，甲组因为某同学造成的失误，致使最后的成绩很不理想，于是全组成员一致声讨了那位出错的同学。在决赛中那位同学很有压力，表现得很紧张，结果又出错了，最后甲组被淘汰出局；预赛时，乙组也有一位同学出现了失误，但大家没有对他进行过多的指责，而是一再鼓励他，提醒他放松些，结果在决赛中那位同学发挥得很好，他们赢得了最终的胜利。

　　听完故事，颜先生不免吃惊。他有些不好意思地坐到儿子的身旁，问他还有没有要说的。儿子说："我们班里获得三好学生的同学，他们大多在五好家庭的环境中成长。"颜先生听懂了，从此他对儿子不再指责，而且允许孩子与自己争辩，因为他从儿子的争辩中得到了很多启发。后来，儿子被重点大学录取，在这期间，儿子收获了很多荣誉。

　　面对不满的事物，孩子有权发表自己的意见。敢于与父母争辩，证明孩子有勇气，精神可嘉。允许孩子与父母争辩，可以为父母竖起一面镜子，父母通过听取孩子的争辩来检验自己的教育方法是否得当，话说得是否在理，如果发现不妥之处可以随时调整，这对教育孩子是有好处的。

方法对了，孩子更愿意亲近你

孔子曾说：父亲有敢于争辩的儿子，行为就不会无礼。孩子同父母争辩的时候，往往是他们最得意的时候。在这种兴奋的状态下争辩有助于孩子大脑的发育，并且可以体现出家庭民主的气氛，增强孩子的语言表达能力。研究发现，敢于同父母争辩的孩子长大后大都有较强的交际能力，这对孩子将来的发展是大有好处的。

在一次家长交流会上，一位身为教师的父亲说，教学生不是难事，但是教育儿子自己却不得法。他儿子头脑聪明，很顽皮、好动，经常惹他和妻子生气。而当他批评儿子的时候，儿子竟然敢和他争辩，这让他大为不悦。于是劈头盖脸地打儿子，从小一直打到儿子上小学三年级。

有一天，儿子要父亲给他买一些图书，但是父亲没有同意，儿子就跟父亲理论，最后他们争辩起来，后来父亲被儿子一句话顶得哑了口，就打了儿子一顿。打完之后他发现儿子的眼神充满了仇恨，这不禁让他大吃一惊。

第二天，父亲对儿子说："爸爸今天陪你去书店买书，你看中的书只要有助于你学习，爸爸就给你买。"儿子对父亲投来了怀疑的目光，似乎在怀疑父亲的真诚。父亲耐着性子又向儿子复述了一遍，就骑车带儿子来到书店。在路上父亲问儿子："爸爸昨天打你了，你有什么想法？"儿子沉默不语。父亲又说："爸爸保证，以后不会发火，不打你，你把心里的想法告诉爸爸。"儿子看父亲态度诚恳，就说："当时我恨死你啦！""怎么个恨法？""恨得在心里骂你。""骂什么呢？""骂你是个鬼……"父亲一听，大为吃惊。

从那以后，父亲再也不打儿子了。面对孩子的争辩，他控制自己冷静下来，认真倾听儿子的想法，并用晓之以理的做法回应儿子的争辩。说来也怪，儿子慢慢对父亲产生了好感，变得懂事多了。家里有了民主的氛围，再也没有"火药味"了。

给孩子自由发表意见的权利，允许孩子争辩，是促使家庭民主的重要方式。因此父母应该树立与孩子争辩的观念，不要认为孩子与自己争辩是丢面子的事情。如果父母因为孩子调皮不听话，喜欢与自己争辩，就认为那是不尊重自己的表现，那就错了。

父母允许孩子和自己争辩，这不是坏事，父母要善于从孩子的争辩中获得孩子的想法，孩子也可以在争辩中锻炼自己的思维能力和口才。若孩子获胜，孩子就会从中找到一种成就感和喜悦感，既让孩子认识了自己的能力，也借机锻炼了他们的意志。因此，父母应该给孩子营造一个平等的氛围。在争辩的过程中，父母应正确引导，以德服人，不要觉得孩子和自己争辩，孩子就不是个好孩子。

别因为成绩不理想而埋怨孩子

在学校里，每个班级都有成绩好的孩子，当然也少不了成绩差的孩子。成绩好的孩子往往能够受到老师和父母的宠爱，受到同学们的追捧，成绩差的孩子却常常成为老师和同学们嘲弄的对象，成为父母们发泄和责难的对象。但是成绩差的孩子并非一无是处，成绩差并不能说明他们就是失败者，所以父母不要为难成绩差的孩子。

事实上，成绩不好并不能说明太多的问题。许多成功人士在幼年时期，也曾经被人视为差生。我国著名数学家苏步青小时候学习成绩在班里并不拔尖，后来遇到了陈玉峰老师，才爆发出对学习的热情，最后成为一代数学宗师。因此，我们没有任何理由为难成绩差的孩子。

王淑梅的儿子12岁，成绩一直在下游徘徊，他是班里"知名"的差生。老师讨厌他，同学们讥笑他。这使他背上了沉重的思想包袱。邻居一提到王淑梅的儿子，都大发感慨："那个孩子，成绩差得要命，不会有出息的。"每当王淑梅听到别人这样评价自己的儿子，她就感到很没面子，于是回家后对儿子大发牢骚，有时候还会打骂儿子，说他不给父母争气。

儿子非常顽皮，他之所以成绩不好，是因为他从来都没有认真听课。安静地坐在教室里，这对儿子来说是件很难的事情。为了提高儿子的成绩，王淑梅三番五次地给儿子请辅导老师、报特长班，尽管儿子非常不愿意，但还是在王淑梅的"威逼利诱"下去上课了。这让儿子感觉是一种折磨，他觉得学习是一件痛苦的事情。

因为学习成绩差，一些孩子背上了沉重的思想包袱，在老师和父母面前，明显底气不足，在同学们面前自卑得抬不起头来。

作为父母，应该通过孩子的分数自我反思，寻找家庭教育中存在的问题和不足，以达到改进方法、提高教育效率的目的。分数只有一定的参考价值，学习成绩只能反映孩子的某些方面的素质，但不是孩子的全部，所以不应该把成绩作为评价孩子的唯一标准。

没有哪个孩子不想成为好孩子，没有哪个孩子在得到他人的信任后还自暴自弃。在教育孩子时，为难成绩差的孩子只会让孩子变得更糟糕，让孩子失去自信。即使你的孩子成绩再差，你也不要责难或打骂孩子，而应该给孩子尊重和信任，让孩子自信地学习，让孩子健康快乐地成长。

辱骂只会让孩子自暴自弃

有些父母一旦发现孩子做了错事，就破口大骂"你这个笨蛋"、"你怎么这么不懂事"、"你就知道吃"等等。当孩子考试成绩不理想时，马上火冒三丈，

"真没用！你考得太糟糕了"、"以后你还有什么出息"等难听的话接踵而至。父母对孩子的辱骂、斥责，不利于孩子的身心健康发展，孩子的自信心和自尊心也会因此备受打击，可能使孩子变得自暴自弃起来。

"你怎么才考了59分！你真是个笨蛋，妈妈以前也没像你这么笨过。你看看别人家的孩子成绩都那么好，你是怎么学的，能考成这样！"妈妈大声叫嚷道，"你成绩不好就不说了，还成天给我们找麻烦，你一点儿都不给我争气，我这么辛苦供你读书，到底图个什么啊……"

睿睿听妈妈这么说自己，眼泪也随之流了下来。妈妈又不耐烦地说睿睿："你就知道哭，你玩时腿摔破了也没见你哭过，说你成绩不好你还有脸哭？"

孩子成绩不好，并不能说明孩子脑子笨，可能是因为孩子的学习方法不得当或比较贪玩，才使学习成绩不那么理想。然而，不少父母经常会骂孩子是"大笨蛋"、"傻瓜"、"草包"，类似的词语对孩子都是一种侮辱。久而久之，孩子就会怀疑自己或许真的很笨，然后产生"破罐子破摔"的想法，"反正我笨，再怎么努力学习也是徒劳，干脆不学算了"。因此，对待所谓的"笨"孩子，父母一定不要辱骂，否则只会让孩子自暴自弃。

心理学家告诫人们，当孩子犯错时辱骂孩子，不仅伤害了孩子的自尊心，也容易使孩子对父母产生敌视和逆反心理，处处与父母作对。凡是在精神上有阴影的孩子，成年后总会出现各种各样的心理问题，适应社会的能力较弱，也不能很好地处理人际关系。

余斌有着不服输的性格，有一次因为和同学发生了矛盾，同学出言不逊，余斌一怒之下把同学的鼻子打坏了。两天后，余斌的父亲被叫到了学校。晚上放学回家后，余斌被父亲狠狠揍了余斌一顿。父亲并因此大声对余斌吼道："你真让我失望，我以后也不想管你了，现在能滚多远就给我滚多远！"

余斌真的转身就想走，父亲又将他抓回来打了一顿……

经常遭到父母辱骂的孩子，容易产生心理压力，常常惶恐不安。他们在父母的辱骂声中也会潜移默化地学会满口污言秽语，并经常用来谩骂别人。他们会变得冷漠、粗鲁而好斗。

所以，父母应该学会心平气和地对待孩子，允许孩子犯错，给孩子解释的机会，这样既能使孩子的情绪得到宣泄，又能让父母了解孩子犯错的原因，为下一步的"对症下药"提供有效的保证。

此外，父母还要学会与孩子平等交谈。交谈时，要保持亲切、真诚和自然的态度，使孩子感受到父母对自己的关怀和爱护，继而向父母敞开心扉，乐意接受父母的指导和帮助。

管教孩子绝不能威胁

生活中，当孩子不听父母的话，或是做出了违背父母意愿的事情时，有的父母就试图用恐吓、威胁的做法让孩子屈服。恐吓、威胁孩子有时候能起到立竿见影的效果，但也会给孩子带来许多不良的影响，甚至会让孩子混淆是非和善恶。

当孩子哭闹时，有的父母会对孩子说："如果你再哭，我就叫警察叔叔把你抓走。""再哭？再哭，爸爸就把你扔给骗子。"当发现孩子撒谎时，有的父母会说："下次再敢撒谎，我就撕烂你的嘴巴！"这些话中带有的不文明用语对孩子纯洁的心灵是一种污染，孩子会觉得警察是"坏人"，认为父母不要他或不爱他了。可见，最愚蠢的教育手段莫过于恐吓和欺骗。

一位母亲带着儿子从幼儿园回来，看到了一个人在路边卖糖葫芦，儿子就吵着要吃糖葫芦。母亲没有答应孩子的请求，而是强行拉着儿子往前走。儿子拼命挣扎，却被母亲责骂了几句。于是儿子伤心地哭了，哭得不可收拾。母亲说好话，给他东西，儿子都不要。最后，母亲实在没办法了，就大声说："你如果再哭，我就丢下你了！"并表现出要走开的样子。儿子见状，哭得更凶。母亲连话都不说了，转身便走。儿子见状，赶紧跑过去追妈妈，边喊边哭："妈妈，我不哭了，你别丢下我不管……"

这位母亲的心情是可以理解的，但是她的做法却让孩子失去安全感。因为孩子从小依恋着父母，当父母说不要他的时候，他会感到惶恐不安。这在心理学上称为"基础不安"。心理专家表示，几乎每个孩子的内心都有"爸爸妈妈会不会不要我"的忧虑。在这种心理背景下，父母的"我不要你了"之类的话会加剧孩子内心的不安，会给孩子带来很大的伤害，甚至可能会引发孩子做出极端的举动。

孩子的成长需要一种安全的环境，包括外在的安全和内心的安全。父母的恐吓、威胁会促使孩子产生神经性的忧虑，使孩子对某人或某事物产生疑虑。这对孩子正确认识世界没有好处，还会使孩子的内心笼罩着一层阴影，使孩子感受不到父母的爱意和温暖。

雪泥的姨妈带着表弟来她家里过暑假了，于是雪泥和表弟在一起痛快地玩耍。

一天，雪泥和表弟玩得尽兴，沾满水的脚在床上蹦蹦跳跳，刚换上的洁白的床单被弄脏了。

中午，妈妈回家后发现了这一切，非常生气。她对雪泥大声呵斥道："你再这样胡闹的话，晚上狗熊就会来抓你。"雪泥听了妈妈绘声绘色的

109

描述，脸色都变了。妈妈发现自己的话起了效果，显得非常得意。突然雪泥扑通一下跪在地上，抱着妈妈的腿，大哭起来："妈妈，不要叫狗熊来抓我，我不胡闹了，我一定听你的话。"妈妈故作严肃地说："起来吧，以后必须听我的话，否则你就惨了。"

这时，表弟过来叫雪泥去玩，但雪泥再也没有兴趣玩了。在之后的几天里，雪泥始终闷闷不乐。

不可否认的是，有时候恐吓和威胁能很好地制止孩子的不良行为，但也会伤害孩子单纯的天性。这不但会使父母的威信丧失，还会让孩子变得无所顾忌。试想，如果父母说把孩子送给别人，但是并没有那么做，孩子就会觉得父母只是说说而已，这样孩子可能会变得更难以管教。

所以，如果不想毁掉孩子，如果希望孩子在自己的管教下变得越来越优秀，就不要用恶语恐吓、威胁孩子。

孩子犯错，父母"冷"解决

有时候，孩子犯错后，父母批评孩子，孩子的火气却很大，不仅不听话，还对父母发脾气。这是怎么回事呢？其实，这是父母把"火气"传到了孩子那里。孩子犯错的时候，父母经常先是大发雷霆，对着孩子大吼大叫一通，这让孩子也容易跟着父母学，养成遇事暴躁的个性。因此，父母在教育犯错的孩子时，要先让自己冷静下来，管好自己的情绪，不要对孩子大吼大叫，免得孩子跟着大人学，也变得容易发火，这样也失去了教育和惩罚孩子的意义。

那么，父母面对孩子的错误，应该如何表达自己的"愤怒"，让孩子认识到自己的错误并主动改正呢？

平平的爸爸平时脾气比较大，只要平平一犯错，爸爸就会扯着大嗓门来吼他，吓得他每次做事都小心谨慎，就怕一个不小心犯了错，让爸爸又来训斥他。

但今天，平平还是闯了祸，他上厕所的时候跑得太急，不小心把端着一盆水的妈妈撞倒了。虽然妈妈没摔伤，但是一盆的水把木地板全泡了，这让爸爸妈妈十分恼火。

"厕所就这几步路，你跑那么急干什么？没看到妈妈从里面出来吗？你眼睛长到头顶去了……"爸爸的脾气一下子就上来了，对着儿子就是一顿大吼大叫。

儿子缩着脖子不敢吭声，但爸爸却骂得越来越大声，越来越上劲，到最后，邻居都提意见了。

邻居说："有理不在声高，你这么大声吼骂孩子，他就能不犯错了？难道你小的时候没犯过错？"

邻居并没有提高自己的声音，而是用"低而有力"的声音和平平全家说话。

平平觉得，虽然邻居有些生气，但他说话的声音很吸引人，让人觉得理亏，无话反驳。

"我知道错了，我以为厕所没人，以后我肯定不会这样了……"平平主动承认了自己的错误，这是以前从没有发生过的事情。

平平的父母觉得很神奇，就问邻居是怎么"说服"儿子的。

邻居笑了笑，说："因为低声以理服人，比你高声训斥要强得多！"

平平的爸爸惭愧地低下了头，从那以后，他也尽量学邻居那样，在儿子犯错误的时候，低声给孩子讲道理。

久而久之，爸爸发现，儿子不仅错犯得少了，性格还变得开朗活泼了很多。

在批评和惩罚孩子时，以温和的口气说理，比大吼大叫更有效果。低沉的声音不仅能引起孩子的注意，让孩子把父母的话听进去，还能起到威慑的作用，让孩子从父母的声音中就能感受到来自父母的威严，并深刻认识到自己的错误，接受父母的批评教育。

有时候，在父母批评孩子之前，孩子就会先发制人，把自己的"委屈和愤怒"大声吼出来，让父母一下子失去理智，情绪高涨，很自然地就会训骂起孩子。而如果父母一开始先低声和孩子交谈，就会很轻松地"压制"住孩子，让孩子没有高声说话的机会，逐渐地打消孩子的反抗心理，让孩子愿意听父母的话，接受批评。

如果父母不能做到低声说话，那该怎么办？很简单，怕自己发火，那就少说为佳，用"冷处理"解决问题。

但"冷处理"并不是让父母对孩子不管不问，而是尽可能少的对孩子的错误进行大声训斥，让孩子在父母的"冷静"态度下进行自我反思，自觉改正自己的错误。

第七章
引导孩子，化解孩子内心阴影

只有自信的孩子，才能战胜困难，走向成功。教育孩子，需要不断培养孩子的自信心。这样才能更好地调动孩子的各种潜能去克服困难，这对孩子以后的人生道路有着非常深远的意义。

拒绝急躁，教孩子遇事要冷静

小承最近很苦恼，因为他没有朋友，与周围同学的关系也不融洽。小承知道自己的缺点，就是一遇到事情就容易急躁，在与别人交流的过程中，略微不合自己的心意就表现得不耐烦。在学习、生活中，很多同学、同伴都不喜欢和他相处。小承感到很孤独。

小承属于急性子那一类的，他想要什么恨不得马上得到，如果不能如愿就选择哭闹。在小学时，他学习比较好，有些同学向他请教问题。一开始他很乐意给别人讲解，然而当他讲完一遍同学还不明白时，他就没有耐心，就会烦躁地说"怎么还不懂呢？不就是这样的吗？"后来，同学都不向他请教了。在同其他同学讨论问题的时候，别人的思维稍微慢一拍，他就说："不说了，急死我了，你们看着办吧！"

在日常生活中，小承也是如此，做事也是常常丢三落四，显得异常匆忙。上学或放学的路上，他也总是行色匆匆，有好多次都忘记锁车。时间久了，大家都知道了他的急脾气，慢慢地远离了他。虽然他有些时候能够表现出热心待人的一面，但大家还是对他避而远之。

急躁是孩子常出现的情绪反应之一。一般性格急躁的孩子会有以下表现：做什么事情都想急于求成，又没什么计划，当遇到困难时格外烦躁；在等待未知的消息时，总会显得坐立不安；易和他人发生矛盾，特别容易冲动。在学业上的表现是好高骛远，急功近利，但又不想付出努力，尤其是努力后却又看不到成效，就更容易造成越急越成功不了的情况出现。

> 小化的脾气特别急。有一次，妈妈让他去买酱油，话还没听完，他就嚷着"知道了，知道了"，跑了出去。可他走了一半才想起来自己忘带钱了，于是只好回家。回家拿了钱出来，在半路上又想不起妈妈到底让他买哪个牌子的酱油，只好又返回家去问妈妈。小化的急躁不仅表现在生活方面，在学习上也同样如此。平日不肯用功，每逢考试前两天才临阵磨枪，但这样总不能达到预期的效果。爸妈都替他着急，这孩子什么时候能变得从容一点儿？

人们产生急躁的情绪，与对问题的认识有关。当人们意识到问题的严重性时，急躁心理就应运而生了。人之所以表现出心神不安和情绪紊乱的状态，正是由急躁所致。急躁的人容易灰心。如果急躁情绪支配了一个人做事的态度，那么这个人想要取得成功是很困难的，久而久之，自信心会因此消耗殆尽。

一般而言，孩子有急躁情绪，既有自身的原因，也有受环境影响的原因。

有的孩子急躁，是本身气质类型决定的。胆汁质的人容易急躁。那些充满着必胜的信念和进取心的人往往是胆汁质类型的。试图超越所有人，学习或工作比较勤奋，自觉性强，总是觉得时间非常紧迫，从而表现得急躁。

孩子缺乏克服困难与挫折的能力也会表现出急躁的情绪。有些孩子对某一件事会表现出极大的兴趣和热情，可是，当遇到困难或挫折，例如，由于知识的欠缺或是其他原因，学习不得要领而导致失败，他们的兴趣也会随之减弱。孩子也会烦躁不安。

另外，孩子因为受到父母的过分溺爱，也容易产生急躁心理。有的父母凡事亲力亲为，不让孩子插手，久而久之孩子就养成了依赖父母的习惯，一旦脱离了父母的帮助他们将无所适从。如果生活和学业上遇到不顺心的事情，孩子就容易产生急躁的情绪。

嘈杂的生活和学习环境也是导致孩子产生急躁心理的原因之一。如果孩子长期在嘈杂的环境下生活和学习，孩子就静不下心来学习，长此以往，产生焦躁的情绪也在所难免。

孩子急性子，往往给他们的学习、生活带来不利的影响。父母要正确地引导孩子，帮孩子消除急躁情绪。

要让孩子认识到急躁情绪的危害。父母应告诉孩子，不管做什么事都要注意过程，切忌急功近利。并结合孩子以往因急躁而失败的例子，使孩子认识到急躁的危害性，引导孩子在情绪没有稳定时不要采取行动。

要让孩子学会遇事冷静的方法，做事之前认真思考，做好准备和计划，多给自己提问题，这样会使头脑冷静下来。

父母还要培养孩子良好的行为习惯，增强孩子的自制力。在日常生活、学习和工作中，加强培养孩子有规律的生活秩序、有条理的处事习惯，这有利于帮孩子克服急性子的毛病。

修身养性可以调节一个人的情绪。对孩子而言，调节情绪最好的方法就是通过提升自己修养开始。这种方法能有效改善自己急躁的情绪。比如，父母通过指导孩子绘画、学习书法来培养孩子的耐心，来加强自身思想修养，久而久之孩子就会养成不急躁的习惯。

享有盛名的美国教育家斯特娜夫人某天被女儿维尼夫雷特问了这样一个问题："我能去同学家里玩吗？"斯特娜夫人回答道："12点半以前回来就可以。"可女儿回到家的时候整整比约定时间晚了20多分钟。夫人并没有对孩子说什么，只是用手指指了一下时钟示意。女儿马上就反应过来了，并向妈妈致歉："对不起，是我不好，回来晚了。"吃完饭，女儿赶紧去换衣服准备去看电影。这时，斯特娜夫人又指了指钟说道："今天看电影的时间恐怕不够了。"女儿因此流下了难过的泪水。接着，斯特娜夫人又补充了一句意味深长的话："这真遗憾！"

毫无疑问，斯特娜夫人教育孩子的手段是高明的，寥寥数语就达到了惩罚和教育孩子的目的。她明白孩子已经知道自己错了，而且感到歉疚，并为不能够去看戏而伤心。如果这时斯特娜夫人一味地苛责孩子，那么孩子很容易变得急躁，甚至会埋怨母亲。

走出自卑，让孩子昂首挺胸

因为自卑，有的孩子觉得自己是一只丑小鸭；因为自卑，有的孩子总是觉得自己做不好很多事情，于是不敢接受挑战，而是胆小怕事，畏首畏尾；因为自卑，有的孩子觉得自己很笨，老师不喜欢自己，于是不敢向老师请教问题；因为自卑，有的孩子认为同学们瞧不起自己，于是拒绝和大家接触，人际关系一塌糊涂……总之，如果孩子自卑，他就不会感受到生活的灿烂阳光，不会轻松地享受快乐和幸福，更难以获得成功。

自信是孩子成长路上的第一路标，是孩子做好一切事情的基础。法国教育家卢梭曾经说过："自信心对于事业简直是一种奇迹，有了它，你的才干便可以取之不尽，用之不竭；一个没有自信的人，无论他有多大的才能，也不会抓住一个机会。"所以，让孩子充满自信地生活，孩子才能成为有用的人。

李瑞是个又高又胖的孩子，李瑞的爸爸听李瑞的老师说李瑞连200米都跑不完，这很可能影响到中考时的体育成绩。而且上体育课的时候李瑞不喜欢和同学们一块儿活动，做运动时总是往后溜，或者干脆不运动。

一天放学回家，爸爸对李瑞说："儿子，你为什么上体育课不积极活动呢？"开始李瑞沉默不语，在爸爸的开导下，李瑞才说："其实我很喜欢体育运动，但是我太胖了，运动时样子很难看，我怕别人会笑话我。"

针对李瑞的想法，爸爸诱导他说："运动时的样子好看与否不重要，重要的是参与其中，并乐在其中。我相信你一定能够克服这种自卑心理，从运动中体会到乐趣。"

爸爸特意和李瑞在周末的时候一起去跑步，并针对儿子运动过程中的闪光点给予肯定，同时鼓励儿子跑步时要有耐力，不管自己和别的同学相差多少，一定要坚持到最后一刻。慢慢地，李瑞找到了自信的感觉。一个月之后，老师告诉李瑞的爸爸，说李瑞不再像以前那么自卑了，现在能轻松跑完200米。

只有自信的孩子，才能战胜困难，走向成功。教育孩子，父母需要不断培养孩子的自信心。这样才能更好地调动孩子的各种潜能去克服困难，这对其以后的人生道路有着非常深远的意义。

有人曾经问过居里夫人："您认为成才的窍门在哪里？"居里夫人很肯定地回答说："恒心和自信力，尤其是自信力。"居里夫人在言语中所体现出的就是人们经常说的自信心。自信心是人人都拥有的宝库，而孩子心中的这块宝地，更是要注重发掘和培养。

一位教育家曾说过："赏识带来愉快，愉快导致兴趣，兴趣带来干劲，干劲带来成就，成就带来自信，自信带来更大的成就。"孩子在年幼的时候，缺乏自我评价的能力，常常需要从父母和老师那里得到肯定和赏识，以此来衡量自己、认识自己，从而建立起自己的自信心。

自信是人生最宝贵的财富。成功者一般携带三种"法宝"：性格坚韧；善于积累；自信心。而这三种品质中自信是最重要的。教育孩子，需要让孩子学会充满自信地生活。这比给孩子足够的物质财富重要得多。没有自信，就没有成功，一分自信，一分成功，十分自信，十分成功。

脱离抑郁，用快乐感染孩子

抑郁是一种伤感的情绪状态。

青青自从升入初三以后就没有笑过。她每天都在想：为什么有做不完的作业？为什么每天必须起早贪黑地练习自己并不喜欢的钢琴？为什么所有的事情都要按照父母的意志去完成？

青青最大的愿望就是能够抛开钢琴谱，和伙伴们在一起玩跳橡皮筋，和同伴肆无忌惮地大笑，随意地坐在地上。但是她知道自己和其他孩子不一样，因为妈妈希望自己能成为一个优秀的人，过上跟普通人不一样的生活。

青青不能像伙伴那样在外面自由自在地玩耍，母亲逼迫青青在屋子里面一遍又一遍地弹着钢琴曲。青青的情绪越来越低落，一整天都一言不发，在学校里也不和同学们在一起聊天，因为除了学习和弹钢琴，她并不懂得如何与别人相处。

最近一段时间，青青回到家里，都会把自己关在房间里面蒙着被子哭泣。一天，青青没有去上学，也拒绝练习弹琴，结果被妈妈狠狠地批评了一顿。青青低着头，没有回答妈妈的责问，也没有哭，就这样面无表情地进了屋。她想，如果自己的生命只剩下几天的时间了，妈妈还会这样对待自己吗？

抑郁是一种不健康的情感，孩子抑郁的主要表现有：易激怒、敏感、哭闹、好发脾气、不安、厌倦、孤独；常伴有自责、自罪感，自认为没有价值，对身边的事物提不起兴趣，不管做什么都没有愉快感。

除上述情绪障碍外，抑郁还可能导致孩子出现极端行为障碍，举例来说，注意力不集中、攻击他人、逃学等行为。同时，抑郁还能制造出多种体征障碍，例如失眠、心悸、头疼等症状。

造成孩子产生抑郁的条件有很多。例如遇到不幸的事，就会有心情不畅等表现，但马上还能缓过神来。但是那些遗传基因不良，幼年时遭受苦难的孩子，可能抑郁的情绪要持续得更久。

孩子遇到某些不幸事件，会遭受精神创伤，从而产生抑郁的情绪。有的孩子被某事伤害到，比如，因为各种自然灾害造成亲人去世，也可能产生抑郁情绪。

心理专家表示，如果孩子不能及时宣泄不良情绪，在心中郁积得太久，就会导致孩子用暴力或意外的方式去解决问题。

郝静是一个事业有成的成功女性，然而，10岁的女儿桂桂却成了她的心病。当初，郝静为了打拼自己的事业，将刚出生3个月的女儿交给自己的老人照顾。夫妻俩一心扑在工作上，有了自己的基业，才把女儿接回身边。一家人团聚时，桂桂已经是一年级的小学生了。

没有照顾小时候的女儿，郝静常为此感到歉疚，作为一种补偿，郝静对女儿几乎是有求必应。然而，即使这样，桂桂还是对郝静很冷淡，平日里跟妈妈几乎没有话说。

过了不久，照看桂桂长大的姥姥去世了。桂桂显得很伤心，在追悼会上，她像发了疯一样哭闹，回到家，她就躲进自己的房间，一整天不吃不喝。

　　为了让女儿开心起来，郝静专门为孩子买了新房子，让女儿转到全市最好的小学，可这一切都无济于事。桂桂总是郁郁寡欢，经常把自己的房间弄得乱七八糟。最近，桂桂不愿去上学。妈妈向老师了解情况，老师说桂桂上课总是心不在焉，还和同学发生冲突，居然用裁纸刀差点儿把同桌扎伤。

　　郝静感觉很震惊，回到家就对女儿大发雷霆。面对妈妈的叫喊，女儿仿佛没听见，眼神里那份与年龄极不相称的漠然让郝静不寒而栗。

　　苦恼不已的郝静带女儿来到心理门诊，从医生那里，郝静得知女儿的不正常行为属于"儿童抑郁症"。

　　孩子常会因为各种原因产生抑郁心理，例如家庭因素、心理因素、经历因素、环境因素和遗传因素等。引起孩子抑郁的原因不是单一的，当孩子的心理发育滞后于生理发育时，便会引起生理和心理上的不协调，所以，孩子产生各种心理问题就不足为奇了。

　　孩子抑郁的表现常常因人而异。父母一定要留心孩子的心理发展走向，绝不能让抑郁情绪阻碍了孩子的心理健康。同时，父母要采取正确的措施，帮孩子消除抑郁心理，让孩子顺利地成长。

　　首先，父母不管在什么状况下，都要在孩子面前表现出阳光的一面。孩子正在成长，他们的心智正在发育中，父母不能因为孩子的抑郁就产生烦躁、厌弃的情绪。父母作为成年人，应该相对理性一些，学会用开朗的心态去感染孩子，引导孩子健康成长。

　　其次，父母应该鼓励孩子积极地与人交往，鼓励和帮助孩子结交朋友，比如，邀请同学来参加聚会，把自己的玩具带给同学分享，让孩子在友情中获得快乐。作为父母，不要总是担心孩子在与同伴交往中会吃亏、会受伤，而是要培养孩子的合作意识，让孩子学会融入集体中。

　　同时，父母可以带孩子一起参加一些运动项目，这样不仅可以强健孩子的身体，更重要的是，让孩子经常和同龄人玩耍，有助于他们培养人际关系，从而让孩子变得更加积极主动，造就孩子健康的性格。

　　父母应该教给孩子"快乐人生的方法"。

　　暑假的一天下午，王强和王正父子俩正边吃西瓜边聊天。儿子作文很棒，经常受到老师的表扬。这时，王正忽然想到前几天写了篇幻想作文，便拿出来给爸爸看。爸爸看了一遍后，觉得不够理想，就直言不讳地指了出来——文章内容和标题不是很相符。之后，爸爸就看见儿子一脸不高兴的样子，将啃了一半的西瓜随手放在茶几上。

　　爸爸当时很想给儿子讲一讲道理，比如，要经得起失败的考验呀，听到别人说不好时反而更有斗志呀，等等，但转念一想，觉得这样做不妥。此时的儿子一肚子不高兴，肯定听不进任何大道理。爸爸觉得还是应当先处理好儿子的心情。

　　主意一定，爸爸就马上行动。爸爸与儿子一起做了三组成功体操："我是成功者"；"我是最棒的"；"我一定能做得到"。父子俩一边呼叫，一边手舞足蹈。然后又来了三组感觉问答句："感觉怎么样？""好！""感觉怎么样？""棒！""感觉怎么样？""美！"

　　这样折腾了一会儿，儿子的精神状态很快就调整过来了，情绪变得积极饱满。之后，父子俩进行了一次愉快的交谈。

　　如果孩子做的事情不够完美，过多的指责和批评会使孩子产生强烈的负面情绪，甚至影响身心健康。这时候，父母应该用积极、乐观的情绪感染孩子，这样会很好地避免孩子产生抑郁情绪。

克服猜疑，教会孩子开诚布公

三国时曹操生性多疑。在刺杀董卓的计划失败后，曹操和陈宫一起逃至吕伯奢家。曹吕两家是世交。吕伯奢准备杀猪设宴款待曹操，但曹操听到磨刀声和"缚而杀之"的话语，便心生疑虑，他认为是吕伯奢要将自己的首级献于董卓，于是不问缘由，便将吕伯奢一家杀害。曹操因为猜疑心理而导致了一场悲剧。

猜疑心理的主要特征是：敏感，受挫后容易意志消沉，甚至不爱理周围的人，每日唉声叹气。具有猜疑心理的孩子，会对世界上的各种事物感到怀疑、担心、害怕。

小萝是小学四年级的学生，平时不怎么爱说话。最近，她总有种周围人和自己过不去的感觉，尤其是同班同学。有些同学在班里无意看了小萝一眼，小萝马上说对方："看什么看？"看到同学在一起讨论话题，她就认为大家在讨论她；有的同学在下课时无意碰了她一下，她就觉得对方是故意和自己过不去。老师处理这些事情，小萝总认为老师在偏袒对方。

因为小萝猜疑的性格所致，在班里小萝很少有朋友。小萝感觉很委屈，认为自己很不幸，世上没有人喜欢她。

多疑的人往往臆测别人，整天就想些无中生有的事情，认为人人和自己过不去。

孩子多疑是一种不健康的心理状态，在没弄清楚事实之前，自己就妄下定义，并且总是从消极面出发看问题。

有一天，同寝室的小冬在收拾东西时，不小心将一袋零食放在了旁边小月的床上。小月生怕弄脏了自己的床铺，就瞪了小冬一眼。其实小冬和其他同学并没有注意到这一情况。可是小月立刻后悔了，她怕其他同学看见，不巧的是，正好有一位同学抬头看小月，小月便不好意思地笑了笑。

接下来，敏感的小月非常担心，怕同学说自己太小气。于是，她小心地留意其他同学的反应，也不去上晚自习。看到她那一举动的同学正好又碰到了她："今天的自习你怎么又不去了呢？"小月认为这是让她走开，好和别人议论她刚才瞪眼的事儿。

第二天晚上，大家一起去吃饭，小月回来晚了，见其他人正说笑着，便认为他们一定彼此说好了，真的不理她了。小月总觉得别人用异样的目光看着她。她认为肯定是这个同学和其他同学说了这件事情，其他同学这下都认为她是个小心眼了。

小月的疑心越来越重，听到同学们在笑，就认为他们是在笑自己。为此，小月整天坐立不安，因为她总想着别人在她背后说坏话。不久，小月患上了失眠性神经衰弱，学习成绩也下降了。

多疑会让孩子变得性格狭隘，无事生非，如果不及时纠正这种不健康心态，不仅难以维持良好的人际关系，还会对孩子的身心健康产生消极影响。

一般来说，抑郁型气质的孩子生性多疑，他们有着细腻的情感，总能抓住别人不易发现的细节。有些孩子爱猜疑则是出于消极的自我防御。他们也许曾经被别人欺骗过，为了防止这种伤害的再次发生，对任何人都不会轻易相信；与此同时还把别人往坏处想，久而久之就形成了猜疑心理。

家庭环境也和孩子的心理猜疑有着密不可分的联系。如果家长是多疑的人，并对自己的孩子持有不信任的态度，也会造成孩子的猜疑心理。

孩子形成猜疑心理，会严重影响其生活、学习和人际交往的各个方面。因此，父母要从细节入手，关爱孩子，用家长的真诚去帮助孩子克服多疑的心理。

首先，父母要培养孩子辨别是非的能力，让孩子分清什么是好的，什么是坏的。

由于是非观模糊，孩子也容易产生猜疑心理。有些孩子自认在某一领域不如其他人好，由于自尊心的作祟，也总会认为别人在议论自己，看不起自己。针对这种情况，父母要帮孩子提高辨别是非的能力，强化孩子的优点，增强孩子的自信心，让孩子充满信心地生活、学习。

父母还可以利用英雄人物的事例为孩子树立榜样，引导孩子多读书，读好书，从而丰富孩子的精神生活，开阔视野。

其次，父母应在学习、生活、思想等方面更多地鼓励、支持和开导孩子。

实践证明，在一些不起眼的小事上表扬和鼓励孩子，常会产生较大的激励力量。对于孩子而言，父母的关心就是最好的鼓励。

作为父母，还应该对孩子注重社交训练，为孩子创造愉快的人际心理环境，尽量多安排他们参加集体活动，并及时进行社交技巧训练。例如，当孩子在社交活动中与对方发生误会时，教孩子同误会的一方开诚布公地谈一谈，及时了解事情真相，以便消除误会。

缓解紧张，莫给孩子太大压力

医学研究表明，孩子的精神压力过大，会引起身体的不良反应。一些孩子在课堂中或挤眉弄眼，或打嗝干咳，或双腿抖动，或目光散乱，或自言自语，其实这不是他们有意"捣乱"或"开小差"，而是由于学习紧张、心理压力过重而导致的神经性紊乱综合征。

法国精神分析师阿兰·布拉克尼耶在接受某杂志采访时这样说道："孩子们遭受的压力是巨大的。它源自环境，包括学校和父母……来自父母的压力之所以可怕，是由于它会对孩子造成深刻的不安全感……"

孩子情绪紧张，不仅会诱发焦虑症，还会严重影响身心健康。孩子有紧张情绪，家庭的因素和学校的因素都不容忽视。

小远是一名初三的学生，不知从什么时候开始，他发现嗓子痒痒的状况在一进教室时就会出现。后来，小远的这种情况越来越严重，课堂纪律也因此受到了影响。小远的爸妈开始误以为孩子存心捣乱，对他进行了几次教育后，发现情况并非如此。于是爸妈带他到医院进行了多项检查和化验，结果并未发现器质性病变。后来，经医生诊断，小远得的是神经性咽堵综合征，主要是因学习紧张、精神压力过大引起的。

父母对孩子要求过高、过于苛刻，而不考虑这些要求是否超过了孩子身心发育水平，孩子慑于父母的权威，就会整天处于紧张的状态。研究表明，家长紧张就会对孩子造成精神紧张；而面对喜怒无常、喜欢打骂孩子的家长，久而久之，孩子就会变得严重缺乏安全感，紧张情绪从而产生。

孩子的独立性因为父母的过度溺爱而丧失，当孩子脱离父母置身于新环境中时，就会产生困惑，不知如何应对，从而导致紧张情绪的产生。同时，孩子对父母百般依赖，会让孩子不能正确认识自己，当孩子遇到不顺心的事情时，就会产生紧张的情绪。

有些家庭父母之间关系不融洽，家长的焦虑情绪就会蔓延到孩子身上。父母通常对孩子提出高要求来平衡自己的心情。孩子下意识地听从父母，不断地努力提高自己，一旦不能达到目标，就会陷入紧张、焦虑的状态。

在学校，由于教师对高分数、高升学率过度追求，造成孩子负担太重，也容易形成紧张的情绪反应。

管教孩子是父母的重任，当孩子承受巨大的精神压力时，父母应该正确地对待孩子，帮孩子缓解紧张的情绪。

首先，父母不要对孩子太过苛求。

据统计，孩子的学习成绩越差，则学习压力越大。因此，父母不要对孩子提出过高的要求，应满足他们正常的睡眠和娱乐时间。同时，父母应尽量减少孩子的学习负担，让孩子提高课堂学习的效率。

其次，父母不应该溺爱和放纵孩子，而要让孩子在挫折中学会独立。

天下没有不爱孩子的父母，爱孩子是父母的本能。但是父母对孩子的爱需要理智，否则就会变成溺爱。

井上美智代是井上美由纪的母亲，为了照顾女儿她放弃了自己的事业。她不像其他父母那样什么都不让孩子做，而是什么都放手让孩子亲自去做。

井上美由纪是早产儿，出生时体重只有500克，并伴有先天性失明，让人难以置信的是，这个盲女儿在学骑自行车时吃尽了苦头，却得不到母亲的任何帮助。母亲井上美智代不去扶跌倒在地上的女儿，看到女儿摔破了膝盖和手肘，强忍着泪不去帮她。

井上美由纪只好趴在地上不停地摸索着自行车。在一次骑车之前，她对母亲生气地说道："妈妈，你要不跟在我后面，我肯定又摔倒了。"

妈妈却狠心地说道："跟在后面，你几时才能学会？"

女儿被激怒了，一遍遍地骑上了自行车，却又一遍遍地摔了下来。母亲对女儿的恳求丝毫不动心，她坚持认为，自己如果帮女儿，女儿就学不会骑自行车，因为自行车是一个人骑的。

事实证明，母亲狠心地将女儿推开，主张凡事要靠孩子自己去努力，最终换来了盲女孩井上美由纪梦想的实现。后来，她获得了全日本盲人演讲比赛的冠军。井上美由纪在发表获奖感言时，这样说："从今天开始，妈妈流下的眼泪都会是幸福的。那也意味着我梦想的实现。"

后来，井上美由纪的《在黑暗中拥抱希望》一书成为日本当时最为热销的书籍。

父母对孩子的关心和帮助、激励与引导，才是真正的爱。真正的爱不是一味地呵护与照顾，也不是盲目地强制或代替。

父母还应帮孩子进行全身的放松训练，消除孩子紧张和焦虑不安的情绪，如果能够配合游戏或音乐对孩子进行训练则效果更好。

对已经出现焦虑症状的孩子，父母一定要及时引导和疏通。对于轻微症状的孩子，主要通过心理支持的方式来缓解紧张的情绪。

父母要取得孩子的信任与合作，要帮助孩子正确地认识引起紧张情绪的原因，帮助孩子逐渐克服情绪上的紧张状态，鼓励孩子多多参加集体活动，在无形中培养孩子坚毅和乐观的性格。

远离嫉妒，妒火只会烧毁自己

不少孩子不能知己知彼，盲目自大，不愿尊重别人比自己强的这一事实，而一旦自己不如别人，便无法面对事实，最后难免产生妒忌心理，甚至出现攻击对手的行为。

　　云溪的好朋友小文作文写得特别好，几乎篇篇都是大家学习的范文。云溪很不高兴，觉得自己很没有面子，就经常当面叫小文"大作家"、"小鲁迅"，弄得小文很尴尬。云溪还在背后对大家说："她的作文我好像在哪儿看到过似的。她爸爸花钱请家教，是家教老师辅导她做的。"由于云溪的话毫无根据，同学们都很反感她。云溪和同学们的关系也由此变得很紧张。

　　妈妈得知这一切后，就很坦率地告诉云溪，嫉妒别人是很痛苦的，心里憎恨别人，又无法说出憎恨的原因，靠讽刺、背后说坏话来发泄，既不能让自己变得强大，也不能阻止对手的进步，简直是掩耳盗铃自欺欺人的游戏罢了。云溪很快认识到了自身的错误，就按照妈妈所说的，努力去欣赏别人的优点，学习别人的长处，将嫉妒转化为进取的动力。慢慢地，云溪学会了尊重和赞扬对手，并开始注意对手取得成绩的方法和诀窍。不久以后，云溪的作文也被老师当作范文让大家学习了。

　　云溪深有感触地说，我们的进取心不应建立在嫉妒别人的基础上，嫉妒不是解决问题的办法，尊重对手，学习对手的长处才能使自己获得长足的进步。

　　嫉妒是一种很复杂的心情，其中包括了不服气、不舒服、不开心。嫉妒心埋在心里会折磨自身，表现出来会贻害他人。因此，必须早日引导孩子克服嫉妒的情绪。

克服偏激，让孩子在谦虚中进步

生活中，有些孩子凡事爱走极端，跟人交谈时容易"抬杠"，动不动就争论得脸红脖子粗，这些都是其偏激心理的表现。

一般来说，孩子的偏激心理会表现在三个方面：对人和事物的认识上、个人情绪变化方面以及为人处世时的各种行为中。偏激的人往往是自负的，自我评价过高，常常固执己见，并戴着有色眼镜看待别人或别的事物，喜欢挑别人的"刺"，且容易怨天尤人，只求回报，不计付出；偏激的人往往会以个人好恶或凭一时之气来论人论物，很容易表现出暴躁、易怒等情绪特点；偏激的人在行为上也表现得莽撞冲动，常常会采取暴力措施解决某些问题，如在朋友受"欺负"时二话不说就站出来帮朋友打架，还将此视为"讲义气"。

总之，偏激的孩子很难正确对待身边的人和事，很难和别人友好相处，这会对其成长和未来发展造成许多危害。有些行为十分偏激的孩子，甚至为此付出了生命的代价。

7岁的男孩渺渺平时比较乖巧，但遇到不如意的事情，他往往会用偏激的方法来处理。

渺渺喜欢吃甜食，有几次，他想在饭后吃很甜、热量高的点心。但出于健康的考虑，妈妈不允许他吃。这时，他会听妈妈的话，不吃甜食，可过后他会小声说："不让我吃，我要把它扔到地上踩扁。"

原本，妈妈以为渺渺只是说气话，不敢真的把点心踩扁。可没想到，妈妈一不留神，渺渺就真的那样做了。后来，妈妈再听到渺渺说类似的话，就会立即严令禁止他采取行动。可扔食物的行为被禁止后，渺渺又会把家里的剪刀、电池、烟灰缸、毛巾等丢进垃圾桶。

不仅如此，有时渺渺的一些要求不太合理，爸爸妈妈不答应他，他就会生气地用自己的头撞墙，任谁都没办法劝服。爸妈不知道渺渺为什么会变得这么偏激，这么容易走极端。他们越来越担心，不知道该用什么方法帮孩子克服偏激心理。

生活中，如果父母总以一个权威者的身份教育孩子，不尊重孩子的意见和想法，不管孩子的要求是否合理，都一味地否决，并强迫孩子做自己并不喜欢的事，长此以往，孩子就会产生各种不满情绪及对抗心理。而孩子的知识经验和处理问题的能力有限，要对抗父母，他们或许只能冒险走极端。

另外，当孩子提出一些不合理要求时，父母若因过分溺爱孩子而无条件地满足其要求，过分迁就孩子，久而久之，孩子也会变得自私任性、偏激固执。

所以，要保证孩子身心的健康发展，父母要注意尊重孩子，要适当满足孩子的一些合理需求。而对孩子的不合理要求，父母也应严词拒绝，并心平气和地向孩子阐述理由，让孩子也试着理解父母。

当孩子遇到一些不如意之事时，偏激的孩子很容易走极端，对世间的一切都失去信心与希望，或采取一些非常手段发泄自己的情绪。例如，某次考试的成绩不理想，有些孩子会说"考砸了，以后没什么希望了"，有些孩子可能会说"考这么差，再也不想上学了"，有些孩子还可能会生气地撕了试卷、扔了所有学习用品；某个孩子被同学欺骗了，他可能会说"世上没有一个好人，看来我只能相信自己"，也可能会将此看作自己的耻辱，并下决心报复那个欺骗他的人。

孩子产生这类想法或行为，父母千万不能置之不理，而是要及时帮助孩子分析问题，帮孩子消除各种不合理观念。具体来说，父母可以告诉孩子：一次考试的成绩不能说明太多问题，这次考得不好，以后继续努力，吸取教训，就一定能取得更好的成绩；某某骗了你，这是他不对，但真正关心你、爱护你的人还有很多。

父母时常教孩子用这种积极乐观的心态对待周围的人和事，渐渐地，当孩子遇到其他不如意之事时，就会先试着客观地分析问题，并用一颗宽容、豁达的心待人处事。

9岁的女儿是个很有音乐天赋的女孩，歌唱得好，钢琴也弹得非常棒，凡是听过她唱歌、看过她弹琴的人，无一不对其大加赞赏。

很长一段时间里，妈妈带女儿外出或去别人家做客，常常会听到许多赞美女儿的话。

"你女儿真聪明，将来肯定是个艺术家！"

"哇，你女儿太漂亮了，还这么有才华！"

"你家女儿真棒，真让人羡慕，要是我也有这样一个女儿就好了！"

"真是百闻不如一见，你女儿果然多才多艺，你真是好福气啊！"

……

听到这样的话，女儿的妈妈心里当然是美滋滋的。可她没想到，在过多的表扬声中，女儿竟渐渐骄傲起来，越来越不懂得谦虚，有点得意忘形，有时还刻意贬低别人。

一次，女儿去上钢琴课，有个同学因进步比较快，被老师表扬了。回家之后，女儿就一脸蔑视地说："她弹得那么烂，我都快听不下去了，老师居然还说她进步快，真不知道她们是怎么想的。"

"谦虚使人进步，骄傲使人落后"，女儿的妈妈很清楚这一点。所以，她决定想办法改变女儿骄傲自满的心态，让她明白只有谦虚谨慎的人，才能看清自己，看清别人，并博采众长，在百尺竿头上更进一步。女儿的妈妈就给女儿讲了爱因斯坦的故事。

爱因斯坦一生都在不断学习、研究，他坚持活到老学到老。后来有位年轻人问他："您老已经取得如此巨大的成就，何必还要孜孜不倦地学习呢？"爱因斯坦没有直接回答年轻人，而是拿笔画了一个大圆和小圆，并告诉他："科学知识是无边无际的。目前我所知的可能比你略多一点，正如我是这个大圆，你是这个小圆。小圆的周长小，接触未知领域的面积就小，自己能感受到未知事物的范围小；而大圆与外界的接触面很大，所以会感到自己未知的东西更多，会更努力去探索。"

作为20世纪世界上最伟大的科学家之一，爱因斯坦由始至终都拥有虚怀若谷的胸怀和谦虚谨慎的美德。那么，正处在成长阶段的孩子，有何理由在面对未知的广阔世界时骄傲自满、趾高气扬？

不过，在孩子还不够成熟，认识世界的能力和自我控制能力都比较差的时候，要让孩子学会谦虚做人，父母就该承担起更多的责任，想方设法防范其产生骄傲情绪。生活中，父母要让孩子认识到骄傲自满的危害，骄傲之人往往听不进别人对其有益的劝告，也不愿意接受别人友好的帮助，且大多数情况下，他们只欣赏自己，对许多事物都会失去客观评价的标准。

所以，平时生活中，父母要通过讲故事或身边人的事例，告诉孩子骄傲会严重阻碍自己继续前进的步伐。

另外，父母对孩子的表扬要适可而止。父母表扬孩子，这本身没有错，但有时，孩子受到周围人过多的表扬，很可能会产生骄傲情绪。所以，孩子成长的过程中，父母应把握好表扬孩子的度，应实事求是地给予其恰当的评价。

第八章
告诉孩子，
让孩子了解什么叫青春期

青春期性教育对孩子的一生有着极其重要的意义。重视对孩子进行青春期的性教育，关系到孩子的健康成长和将来的发展。所以，请父母直面孩子的性教育问题，用正确的心态和科学的性知识引导孩子安全度过青春期。

青春期并不代表危险期

孩子进入青春期，在身体的生长发育急剧变化的同时，心理也发生着非常明显的变化。这主要表现在：孩子不再愿意把自己当成小孩，遇事喜欢摆出一副大人的神态，当父母把他当作小孩子对待时，他会略带不满地嘀咕："我已经不是小孩子了，别再拿我当小孩子看待了。"这是孩子独立意识增强的表现。父母因此感觉孩子不再"听话"了。孩子希望挣脱父母的束缚，获取更多的自由空间。这种独立性还经常表现在孩子对父母的冲撞，甚至是蛮不讲理……

孩子的变化给父母对孩子的教育带来了很大的困难，如果教育方法不当，就难以取得好的教育效果。孩子会用粗鲁、固执、孤僻，甚至离家出走等极端方式来表示抗议。欧美心理学界的一些专家认为，青春期有时候也会变得很危险，因为青春期的孩子身心发展充满着矛盾。如果父母没有正确引导孩子，孩子就特别容易走上歧途。如果父母掌握了青春期孩子身心发展的特点，尊重、保护孩子的独立性，通过与孩子交朋友来引导孩子，就能促进孩子的健康成长。这样，青春期就不再是危险期了。

李梅的女儿进入重点高中之后，因为学校高手云集，竞争异常激烈，她感到压力很大。伴随着身体的发育，她经常感到头痛、失眠、焦虑、烦躁，还不时与同学发生冲突，回到家里她也经常生闷气，有时候还胡乱摔东西。平时也经常顶撞父母，还扬言要罢课、辍学，乃至要出家当尼姑。

父母对女儿的变化感到无所适从。

后来，在朋友的指导下，李梅和丈夫找到了女儿问题的症结，他们不再强迫女儿学习，尽量不和女儿发生冲突。还想方设法帮助女儿排解压力，使女儿明白，好好学习不是为了取得好名次，而是充实自己，提高自己的学识和能力。慢慢地，女儿在学习中找到了乐趣，在生活中得到了满足。她的成绩也稳步上升，自信心不断增强。

面对孩子身体和心理的变化，父母应该及时改变观念，不能强迫孩子学习，而应该减轻孩子的学习压力，帮助孩子提高抗压能力，这样让孩子增强心理承受能力，更好地适应学习和生活。同时，给孩子独立的空间，尊重孩子的意愿，让孩子成为家庭中独立的一员，充分发挥孩子的作用。

青春期的孩子除了在学习上存在困扰，在情感上会表现出热情、丰富、奔放的特点，也会容易冲动、多变，缺乏自控力与道德约束力。孩子常常会产生感情烦恼，这种烦恼如果得不到及时的排解，就可能诱发心理危机。不过，在正确引导下，这种危机是可以解除的。因为青春期并没有父母想象的那样危险。只要父母对孩子采取科学有效的办法，就能帮助孩子顺利地度过青春期。

一天，女儿对妈妈坦言："我非常喜欢班里的一个同学，每天进教室我会在第一时间看看他有没有来。他在我心目中的位置太重要了。"

妈妈冷静地说："那个男孩知道这些吗？"

女儿说："他知道我喜欢他，但不知道我到底有多喜欢他。明天是情人节，我已经给他写好了一封信，准备放在他的书包里。"

妈妈充满理解地看着女儿，轻轻摇着手说："急什么，多考虑一下。你说喜欢他，那你喜欢他什么呢？"

女儿不假思索地说："喜欢他的高大英俊……"

　　妈妈又说："很好，但是他喜欢你吗？"

　　女儿沉默不语。

　　妈妈接着说："既然你这么信任我，那我就有必要给你一些建议。首先，你可以继续喜欢他，但千万不要告诉他，因为他或许没有思想准备。再说了学校也有明文规定，中学生不能谈恋爱，如果你突然向对方表白，会影响对方的学习和生活，也显得你不够慎重、理智。其次，千万不要把信塞在他的书包里，因为这份感情还不成熟，你需要给自己一些时间。也许你现在感情强烈，一旦环境改变了，接触开阔了，你就不喜欢他了。到时候这封信还收不收回来呢。所以啊，你最好把信放在你的箱子底下，在心里珍藏这份美好的情感。等高考结束，你再看一看是否还喜欢他，那时你就可以毫无顾忌地向他表白了……"

　　两年后高考结束了，女儿主动跟妈妈说："不知怎么了，我现在一点都不喜欢他了，我十分庆幸自己没有把那封信给他。谢谢你当初给我的建议，妈妈。"

　　青春期中的少男少女情惑丰富，但是感情起伏很大。这就需要父母积极地、适度地启发孩子，善意引导孩子克服冲动与盲目的心理，使孩子能够正确驾驭自己的情感。

　　青春期并不就是危险期，只要父母与孩子保持交流，找出孩子的问题症结，做出针对性的举措，就能让孩子顺利地度过青春期。

　　当父母发现孩子有爱情的萌芽时，不要惊慌失措，更不能强硬阻止孩子。而应该站在朋友的角度给孩子提建议，让孩子作最终的决定。这样充分尊重了孩子，给孩子独立做主的空间，也可以使父母得到孩子的信任，能促进孩子自主、独立地沿着健康的方向发展。

解答疑惑，让孩子对自己更了解

　　青春期的孩子对自己身体的发育充满好奇，但是因为缺乏对身体的了解，所以他们通常喜欢问父母。这时候，父母就应该给孩子耐心地讲解，碰到一些父母无法解答的问题，父母要多方搜集资料，争取给孩子满意的答案。

　　自从女儿升入中学，王慧的心就被牢牢拴在她身上。当女儿看到班里的大多数女孩子差不多都已经发育时，女儿显得很着急。一天女儿问妈妈说："妈妈，同学都说我还是个小孩子，我都有点自卑了，我该不会有男性特征吧？如果我有男性特征，那你看看我是不是长了喉结？"王慧笑着说："怎么会呢？每个女孩的发育时间是不一样的，有早也有晚，一般从10岁开始发育，这和遗传、饮食、体育锻炼等方面有很大的关系。"

　　说到这里，女儿就说："妈妈，那你以后一定要加强我的营养啊！"

　　王慧说："好！以后妈妈每天给你准备三杯牛奶，午饭和晚饭多给你做一些好吃的，如牛肉、芹菜、鸡汤、胡萝卜，这些菜都很有营养的。可惜这些都是你平时不太爱吃的，但是它们对身体发育很有帮助。"然后，女儿问妈妈："妈妈，你当时是十几岁开始发育的？"王慧说："好像是在小学五年级的时候。"女儿怀疑地问："那你为什么没有遗传给我？"

　　王慧说："我看了一篇文章，里面说专家研究表明，妈妈对女孩的青春期发育影响很大，但同时爸爸对女儿的影响也很大。要不我哪天带你去检查一下身体，看看医生是怎么说的？"

女儿说："好啊！"

几天后，王慧带着女儿来到医院，经过检查， 医生表示女儿的身体没有什么问题。医生还说："现在很多孩子都早熟，发育晚点也挺好的。"

听了医生的话后，女儿总算是把一颗悬着的心放了下来，此后，每天吃饭规律，还加强了自身的体育锻炼……

试想，如果父母对孩子提出的这方面的问题表现出厌烦，或是干脆拒绝回答孩子，孩子在对自己身体产生更大的好奇的同时，还会对父母的态度感到不满。这种不满情绪很可能会影响孩子与父母之间的感情。

一位母亲面对女儿提出的关于青春期的问题时，表情极不自然，回答的时候遮遮掩掩，这让女儿感到很纳闷。于是她的心里想，"难道青春期发育知识有什么见不得人的吗？"想到这里，女儿决心查个水落石出。于是她经常把自己关在房间里，通过网上搜索相关的网页，研究这方面的知识，最后误入了黄色网站，迷恋上了言情小说。

每天放学后，女儿就显得多愁善感。她把自己关进房间，尽情阅读爱情小说，同时她在自己的墙上贴了很多异性明星的照片和海报；她的书桌抽屉上了锁，每当同学来找她时，总喜欢关起门来聊天，生怕父母听见。她开始注重衣着和化妆，经常把自己打扮得花枝招展……父母看到女儿的转变感到恐慌不已，但是父母的担忧、过问和批评，不但没有改变女儿，反而使女儿对父母越来越疏远。

青春期的少男少女，的确需要父母的关心和引导。尤其当孩子表现出对异性有爱慕倾向时，父母更要和孩子进行平等沟通，了解孩子的内心想法。

需要强调一点，越是抑制孩子的好奇心，只能加剧孩子的猎奇心理。青春期的孩子误入歧途，有时候是受到父母和其他成年人的压制后发生的。在孩子性教育的问题上，最理想的教育者应该是父母一方的同性者。通过对孩子传播健康、科学的性知识和道德观，才不会让他们在青春期误入歧途。只有这样，才能让孩子顺利度过青春期。

让孩子了解什么是爱

一旦孩子在青春期坠入爱河后，对于自己的感情冲动是难以克制的，当他向爱慕对象表白和得到回应后，很可能开始与对方亲密地交往起来，常常因为恋爱分散了精力，影响了学习。慢慢地，他们开始逃避集体活动，和其他同学渐渐疏远。由于父母、老师给予的压力和舆论的影响，孩子难免在思想上背上包袱，内心矛盾重重。这种心理状态会严重阻碍孩子的身心发展。

某报纸曾刊登了一封高中女生的公开信，在信中该女生畅聊自己的心声，她向父母表示处于花季的少女找到爱慕对象的喜悦之情，包括她的苦闷、烦恼和抑郁。最后，这个女生还表露了自己的心声：我不想做个坏女孩！

生活中，类似这样的"青春期事件"司空见惯，很多时候成人误解了孩子纯真的心，使他们感到委屈和痛苦。所以，父母应该引导孩子正确处理青春期情感，通过恰当的教育方式促使孩子情感转移，最后淡忘恋情、抓住友情，使之为学习提供帮助，为健康成长提供动力。

一位母亲在收拾房间时无意发现一张纸条，纸条上写了一个男生的名字。她知道女儿已经15岁了，已经长大了，有些事情需要跟女儿好好谈谈。

晚上，女儿做完作业以后，母亲来到了女儿的房间，和女儿随便聊了起来。聊着聊着，母亲就说起了自己15岁时候的事情。母亲神秘地问女儿："你想不想知道妈妈当初的秘密？"女儿的好奇心充分被勾起，她当然想知道。于是母亲把当年的事情讲给女儿听，故事里描述了母亲当年15岁时对异性也充满了好奇感。

第二天，女儿的表情有点复杂，午餐过后女儿迟疑了一会儿说："妈妈，我有一个秘密想告诉你。这几天我的脑子里总是出现班里一个男生的影子，我还以为是自己的脑子出问题了呢，害怕你和爸爸知道。可是昨天听了你的故事我才发现，妈妈也曾经有过这样的感觉，那就是证明我很正常，是不是呀？"

母亲高兴地说："那是当然的，孩子。这种感觉非常美妙，一点都不丑陋。但是好感和爱情不是一回事，像你这个年龄的孩子很容易将二者混淆，你可别把它放在心里，这样会影响你的心情，而且会误导你。我建议你和那个男孩子多交往，和班里更多的男生交往，你还可以把你的朋友们带到家里来尝尝妈妈给他们做的好菜。"

看到妈妈如此支持自己，女儿终于放开了自己，她大胆地和更多的男生交往，并时常带他们来家里做客。母亲还时常告诉他们要做好朋友，互相帮助。

孩子对爱情的认识是模糊的，他们常常误以为好感就是"爱"。因此，父母应该让孩子正确认识青春期情感，让孩子学会正确处理青春期的情感烦恼。当孩子对某异性产生好感时，如果父母没有及时引导孩子，孩子就可能越陷越深。所以，父母要有意识地帮助孩子促使情感转移，这样能很好地避免孩子早恋。

一个平时埋头苦读的女孩子，在中考后被市重点高中录取。这个女生因为性格原因，从来不喜欢与人交往。后来有段时间，她的脑海里总是出现男女拥抱、接吻的情景，于是开始暗恋班里的一个男生。然而她暗暗告诉自己，她并不喜欢这种感觉。每当她想将这种念头清除的时候，这种念头就越是强烈地出现在她脑海。这种感觉难免会影响到她正常的学习生活。后来，她开始害怕男生，见到男生她就躲开，她担心自己做出冲动的事情，她认为这样的自己不够纯洁，甚至产生了轻生的念头。后来老师知道了这个女孩的苦恼，给予了及时的疏导，帮助这个女孩成功转移了情感。

青春期的孩子有许多思想困惑，他们对异性甚至对自己都不了解。当他们对异性产生好感时，既会兴奋不已，也会紧张兮兮，这时孩子的行为举止可能有点怪异，情绪波动较大，甚至学习成绩也不稳定。此时，父母不能一味地批评孩子，而要深入了解孩子内心的烦恼，想方设法将孩子的注意力从朦胧的爱意转移到学习和生活中的其他事情上。一定要对孩子的情感问题多加留心，一旦发现苗头不对，就及时提供帮助。对儿子应该灌输责任意识；对女儿要讲自我保护，讲自尊、自爱。父母以朋友的身份向孩子提供建议，会防止很多意外出现。

孩子的心事别乱猜

　　孩子的心思总是纷繁复杂的，他们想着学习，想着玩乐，想着交朋友，想着怎样满足父母的期望，想着怎样实现梦想……而青春期的孩子的心事就更带有几分朦胧和梦幻的色彩。在这一段时间，他们对异性开始产生兴趣，具有强烈的友情需要。通常情况下，他们喜欢交异性朋友，大家往往选择志趣、爱好相投的异性做朋友，把真诚、坦白、亲密作为友谊的宗旨。

　　当父母发现两个异性孩子频繁交往，难免会非常紧张，轻则劝诫孩子，重则打骂孩子。有时候会妄加猜测，以致误解孩子。因为孩子本来彼此是真诚的朋友，可是经过父母的阻止和老师的批评，他们会感到茫然无措。因为心理不够成熟，处于这个时期的孩子们很容易将友情和爱情混为一谈。所以，父母和老师应该理解孩子，必要的时候给孩子正确地引导，而不要对孩子的心理妄加猜测。

　　与异性交往，是每个人必然会经历的事情，在交往过程中，孩子学会了对异性的尊重和爱护，明白了它意味着对异性的责任和义务。父母不能因为害怕孩子早恋而阻止孩子与异性交往，就像不能因为可能发生车祸而不敢坐公交车，因为怕发生空难而禁止飞机上天的道理一样。作为父母，应该正确认识孩子与异性的交往，要客观地认识孩子与异性交往的互补性。同时要让孩子在交往中学会尊重对方，注意礼貌。对于孩子之间的正常交往，父母应该给予支持，不要主观猜测，随意给孩子扣上早恋的帽子。比如，在一次以《被父母误解的苦恼》为题的作文中，一个初三女生就谈到了这方面的苦恼。

这是一件发生了好几天的事情，但是憋在心里让我感觉很不舒服。

前几天我过生日，好朋友江坤送给了我一本诗歌作为生日礼物。妈妈看到后对我说："等他过生日时你要记得送他一个礼物！""不用了，跟他从来都不用客套，我和他挺好的。"就是这个不经意的回答，妈妈对我更加怀疑了。她说："看来你们老师不是凭空捏造事实！"听完这句话，我整个人就懵了，妈妈怎么可以这样怀疑我。

自从妈妈上次和老师见面以来，她总是问我这方面的事情。在这之前，妈妈对我处理男女同学间的关系非常放心，但是这一次她为什么如此怀疑我。

没错，我经常和江坤通电话，在家里我还经常提起他的名字，但这根本不能说明什么。如果仅仅因为上次考试我和江坤的成绩都退步了，我只能说那是一种巧合。

记得上初一时，我所认识的一个男生给我写了一封委婉的信，并附上了他的照片，当时妈妈对我说："这件事你自己处理吧，妈妈相信你。"那时我心中洋溢着幸福的感觉，因为我得到了妈妈的信任。

但是为什么现在妈妈对我失去了信任呢？难道只是因为我比当时长大了两岁吗？确实，就像妈妈说的那样，我现在还不懂什么叫爱情，可是我还是有能力分辨友情的。虽然，我现在还处于未成年的年龄阶段，但是我相信我能控制自己，因为我长大了。

所以，我真心希望得到妈妈的理解和信任，请她相信我。

为了不让孩子受到误解，父母应当理智地面对男女孩子间的交往和接触，在没有事实证据之前，不要胡乱猜测孩子的心思。因为异性彼此之间的接触，不单单是处于青春期孩子的愿望，也是他们成长中必须上的一课。通过彼此的交往，他们可以互相了解，互相学习对方的优点。

处于青春期的孩子关系好，大多数还是属于好朋友关系，最多也就是对彼此存在着好感和喜欢的感觉而已。如果父母觉得孩子同异性的交往过于频繁，可以提醒孩子，这个年龄段以学业为主，孰轻孰重自己掂量。如果父母发现孩子只单独和某个异性接触，可以鼓励孩子要多交朋友，多交异性朋友。因为这样孩子就可以在群体中找到更多的乐趣，同时还能学习到异性朋友身上的优点。

彭亮读高一的时候，一次回家向爸爸妈妈宣布："我有女朋友了。"父母说："好哇！你的朋友也是我们的朋友，我们很想结识她，欢迎你请她来咱家做客。"几天后，彭亮真的把那个女孩子带回了家。父母对彭亮说："我们还希望你多交女朋友，多带其他朋友来我们家，这能培养你的交际能力，也可以证明你的人缘不错。"

为了给彭亮创造交往机会，父母鼓励彭亮和异性同伴一起做游戏，一起参加有益的活动。彭亮生日的时候，父母让他把相处得比较不错的朋友邀请过来，大家高高兴兴度过了一个愉快的周末。

在休息日，父母总是尽力抽出时间和彭亮外出游玩。在浓浓的亲情和友情的包围下，彭亮逐渐淡化了对那个女孩子的感情。然后，父母又把自己的经历和体会讲述给彭亮听，例如怎样保持适度，怎样尊重对方，怎样才是负责任的行为。由于得到父母的正确指教，彭亮的学习和成长没有受到早恋的干扰。

通过父母的积极引导，让孩子知道与异性交往是人生重要的生活内容。理解孩子与异性交往，而不是封杀孩子与异性交往；支持孩子与异性交往，但是又不能放纵孩子。这样能得到孩子的理解，也有利于进一步加深孩子和父母的交流。父母应在尊重和信任孩子的基础上，认真倾听孩子的心声，以平等的态度和孩子讨论问题。

任何时候都不要胡乱揣测孩子的心事，如果父母发现孩子有早恋的苗头，就应该开诚布公地和孩子谈论这个话题。应鼓励孩子多交异性朋友，让孩子在与人交往中拓展自己的人际关系，也能很好地避免孩子陷入早恋的泥潭。

做好孩子的两性讲师

小时候，幼稚无知的孩子经常问："妈妈，我是从哪里来的？""你是从石缝中蹦出来的"、"天上掉下来的"、"从地里长出来的"……相信很多父母对这样的答案再熟悉不过了，因为父母们接受的也是这样的教育。如果说孩子小的时候，这样的回答还能敷衍孩子，但是当孩子进入青春期的时候，他们就会发现父母曾经说了谎。"为什么要说谎呢？这其中难道有秘密？"孩子会对性知识充满好奇。

如果父母对孩子的性教育感觉难以启齿，孩子就不能通过父母的教育和讲解了解性知识。这会让孩子对"性"产生误解，对孩子的健康成长是不利的。

某男孩讲述了自己学习"性知识"的过程：

从小到大，我都没有从父母那里得知任何关于性方面的知识，我只好通过其他渠道来了解性知识。

对于性的最早记忆，出现在我5岁那年，那时才意识到男孩和女孩的不同。进入青春期后，我对这方面的问题越来越关心。上初中时，每当上生理卫生课，老师就让大家自习。于是，生理卫生课本里的内容成为许多同学谈笑的资料。那里面讲授的内容让我对男女生理有了粗浅的认识，当然，这并不能完全满足我对性方面的好奇。所以，那个时期我对各种媒体上的有关性的信息非常敏感。

有一次，我听收音机的时候，无意间听到了一个名叫《夜激情》的节目，这个节目是一个有关感情和性的节目，听众可以通过电话向节目主持人问问题，倾诉自己的苦恼。节目聘请的专家一一给予解答。那些平时被大人们忌讳的话题在这里被堂而皇之地拿出来讨论，我通过他们的一问一答获得了许多知识，同时还释放了自己曾经的困惑和苦恼。高中以后，我感觉自己对性方面的知识了解得已比较全面，所以对待性的心态也平和了许多。

处于青春期的孩子，对他们困惑最大的问题就是"性"了。因为生理原因，孩子们在这个时期会有不同程度的性冲动、性表现。一些医学专家认为，因为生活水平的改善，现在孩子的青春期发育提前，但他们的心智成长却没有跟上来，以至于无法把握身体的变化，出现不少问题。

所以，父母应积极主动地利用和创造性教育的机会，给孩子一些指导，以便他们对自己的身体和相关性知识有一个基本的了解。不能因为传统观念而顾虑重重，就放弃教育孩子的责任。

首先，父母要让孩子们清楚一点，体表第二性征的出现，表示这个人正在向成年过度，这是再自然不过的事情。所以，完全没必要担忧和畏惧，而且应当感到轻松和愉悦。父母可以用亲切的态度祝贺孩子走向成熟，向孩子提供性教育信息，使孩子以乐观和自信的情绪度过他们的青春期。

其次，父母要科学地对待孩子对异性的关注。青春期的孩子有恋异性的倾向和接近异性的行为，此时孩子与异性的交往有着重要的社会化功能。通过和异性的接触，逐渐了解异性的身体结构和认知，这为他们日后选择最佳的终身伴侣打下了良好的心理基础。试想，从未接触过异性的人，到了成年阶段再去接触异性，他的心理状态会是什么样的呢。所以，父母必要的时候可以给孩子讲解一些异性的性知识，让孩子不仅了解自身，还了解别人，做到知己知彼。

青春期性教育对孩子的一生有着极其重要的意义。重视对孩子进行青春期的性教育，关系到孩子的健康成长和将来的发展。所以，父母要直面孩子的性教育问题，用正确的心态和科学的性知识引导孩子顺利度过青春期。

告知孩子早恋的后果

处在青春发育期的青少年，他们对异性很自然地产生了兴趣，并从内心深处感受到异性的吸引。在这个时期，青少年异性之间的交往更多的只是出于好感和爱慕，是一种无意识的行为，谈不上爱。所以，并不是所有的男女同学之间的交往都是早恋现象，哪怕有时候交往比较密切。

小雁是初中二年级的学生，平时比较沉默，但是只要和同学小烨在一起，她就会有说不完的话。小烨也感到和小雁比较投缘。有一段时间，他俩形影不离，一起上学，放学后一块儿回家。每到星期天，他们就找借口从家里出来，然后一起逛公园、看电影。

放暑假时，小烨和爸妈回了一趟老家。见不到小烨，小雁心里总有一种难以名状的感觉，觉得自己爱上他了。整个假期，小雁都显得无精打采。

终于，他俩又见面了，小雁难以抑制长久的思念，一时冲动，献出了自己的初吻。可是自从他俩好上后，两个人的学习成绩就变得一团糟。小雁感到很内疚，而且有一种犯罪感，责怪自己是一个坏女孩，不该拖累了原本学习成绩很好的小烨。

早恋是青少年性心理在行为上的表现，且单纯而不稳定。这种感情一旦处理不好，会给孩子的心灵带来极大的困扰。

进入青春期，青少年对异性充满了浪漫的幻想，渴望接近对方、与对方交往，这是正常的现象。然而相对较弱的自我控制能力使得他们不知道如何云面对自己的感情。歌德曾说过："萌动的春情之所以美好，就在于它既意识不到自己的产生，也不考虑自己的终结，它是那么欢乐而明朗，竟觉察不到会酿成灾祸。"

爱是神圣的、美好的，然而早恋却是不可取的。对孩子而言，早恋有很多弊端。

尽管早恋也能带给一些孩子上进的动力，但是更多的事实证明，早恋会带给孩子许多弊端。美国科研人员的研究显示，在17岁前谈情说爱的少年，由于无法应付初恋带来的情绪困扰，将为日后患上精神疾病埋下隐患。研究表明，女孩子比男孩子更容易被男女的感情关系所伤，感情纠葛会使女孩子患忧郁症的机会增加1/3。

较普遍的现象是，早恋容易导致孩子学习成绩下降，与父母的关系也会变差。早恋结出的果实往往是苦涩的。对孩子来说，他们自制能力差，易做出越轨的事情。同时，少数孩子不知如何表达自己的情感，往往不知道如何拒绝异性。

早恋既耽误学业，又影响孩子的心理健康。有些女孩子憧憬美好的爱情，由于在早恋中失去理智，过早地品尝"禁果"，由于无知而怀孕，因为怀孕而偷偷采取极端措施，等等。这些都会给孩子的身体以及心灵带来很大的痛苦。

如今，孩子的早恋现象已成为普遍问题。究其根源，既有孩子自身的原因，也有家庭和社会的原因。

物质生活的相对富裕，促使孩子身体早熟，而心理上却缺乏自制力。孩子的心理发育跟不上身体发育的速度，从而在行为上不懂得如何掌握分寸。

孩子恋爱了，父母的心就悬起来了。其实，家庭教育对孩子的影响最大。孩子早恋是为了得到一份关爱。从心理学角度看，孩子去爱护、关心、照顾另一个与自己没有血缘关系的异性，属于心理上的成长。被异性长久关注是趋于性成熟的孩子追求的美好的心理体验。

一些孩子缺少父母的关爱，或孩子的需求被父母忽视，那么孩子上中学以后，一旦有异性对其关心或照顾，就很容易导致早恋。

小柏在日记中写道：我不明白和父母交流起来为什么那么困难，我不敢、也不愿意跟他们说心里话。如果我说喜欢某个女生，他们肯定认为我变坏了，然后对我轻则一顿臭骂，重则拳脚相加。可是和女孩子交往我总会很开心，因为她们善解人意。我和小薇比较谈得来，于是被别人说成男女朋友、早恋。反正父母对我很失望，我也就表现出无所谓的样子。后来，我和小薇真的谈起恋爱来了……

孩子早恋的重要原因之一是受社会环境的影响。各种媒体经常播放一些未成年人恋爱的镜头，使得孩子印象深刻，并认为早恋是正确的。同时，一些娱乐场所为男女孩子相互交往提供了便利。

专家认为，对孩子"早恋"现象不能轻视，这是一个非常严肃的社会问题。孩子出现早恋现象，父母没有必要对此感到恐慌，应该采取措施积极引导。

首先，父母对孩子的感情要持宽容、理解的态度。

父母切忌认为孩子"早恋"就是胡闹、不听话，这样不仅难以说服孩子，还会使孩子在心理上产生抵触情绪，变得更加无所顾忌。父母应该理解孩子，小心地呵护孩子成长。

父母应该分析孩子"旦恋'的心理原因，以便对症下药，做到既是洞察孩子心扉的可敬家长，又是能帮助和指导孩子正确行动的可亲朋友。只有这样，才能避免孩子陷入感情的旋涡，品尝"早恋"的苦果。

其次，父母应该教孩子正确处理与异性之间的交往。

一天放学后，六年级的芸芸神神秘秘地对妈妈说："妈妈，到我房间去，我有话对你说。"进了自己的房间，芸芸郑重地把门关上了。沉默了一分钟后，她对妈妈小声地说："你不准告诉爸爸。"妈妈坚定地说："我保证。"

芸芸鼓起勇气说："我们班里有一个男同学叫王飞，他吻了我，并说他喜欢我。"芸芸说着脸就红了，低下了头。

妈妈问："后来呢？"

芸芸说："后来他每天都等着我一起上学和放学。"

"你喜欢他吗？'妈妈问。

"说不准，反正很多男同学都比他优秀。"芸芸回答说。

"那你打算怎么办呢？"妈妈问。

芸芸摇摇头，表示不知道。

妈妈试探地问女儿："你告诉老师行吗？"

芸芸马上反对："那样全校都会知道。"

妈妈说："那你就当面告诉他，说你不喜欢他。"

然而善良的芸芸说："我怕伤害他的自尊心。"

妈妈说："那就只有采取回避他的办法了。"

芸芸说："这个方法我试过了，回避了几天，没有用。"

妈妈沉思了一会儿，语重心长地说："芸芸，你的同学喜欢你是他的权利，你是否喜欢他也是你的权利，都没有错。假如你上初中又有一个同学喜欢你怎么办？上大学又有一个同学喜欢你怎么办？走向社会又有一个同事喜欢你怎么办？

目前你还是应该以求学为主，除了同学间正常交往之外，尽量回避非正常交往。人生的路很长，以后，还会有很多优秀的男孩出现在你面前。所以，王飞再找你，你要下定决心尽量回避他。时间长了，他会明白的。"

两个星期过去了，芸芸悄悄地对妈妈说："王飞再也没有等我一起上学和放学了。妈妈，你真伟大。"

芸芸的妈妈懂得尊重孩子，并教孩子正确地处理与异性间的交往。引导女儿以学习为主，不能与异性交往过于密切，起到了很好的效果。对自尊心强、善解人意的孩子来说，父母只有用暗示或提醒之类的语言去点拨孩子，才能赢得孩子的信任，才能培养孩子自尊自爱的道德情操。

父母应该培养孩子广泛的兴趣，以兴趣爱好来丰富孩子的业余生活和内心世界。

小辉暗恋上了班里一位女同学。妈妈发现小辉早恋了，不仅没有斥责他，反而比过去更加关心儿子。知道小辉喜欢语文，便鼓励他参加年级朗诵组，还启发他写日记。小辉的写作水平得到了迅速的提高，不久，他的习作频频出现在班级的墙报上。小辉开始喜欢集体活动，很少和那位女同学单独来往了。一年后，小辉在期末考试中获得了全年级第五名的成绩，还被评为三好学生。学习、集体活动占据了小辉日常生活的大部分时间，当初他对异性的爱慕心理渐渐得到平息、淡化。

培养和发展孩子广泛的兴趣爱好，一方面充实了孩子的生活，另一方面也提高了孩子在各方面的素养。最重要的是，孩子会从中寻找积极的、有意义的目标和生活乐趣。

莫让色情宣传诱惑孩子

辛辛是一个青春期的男孩，出于好奇心，他看了一张黄色光盘。之后，辛辛深陷其中，不能自拔。辛辛每天总是回想那里面的淫秽内容，上课也不能专心听讲，和女同学说话时也会一下子想到那些淫秽的镜头，甚至有时竟然有试一试的想法。辛辛感到备受煎熬，怀着愧疚和痛苦的心情，投信报社请求帮助。

青春期的孩子难免出现性欲望和性冲动的状况，这是正常的。青春期的性冲动就是由那些性激素积累到一定程度时激发出来的。受到视觉、听觉、嗅觉、触觉等的刺激，就可能出现性冲动。比如，关于性方面的图片、文字、声音和异性身体的气息，人体受到这些刺激后，会通过头脑支配脊髓中的性中枢引起性的冲动或欲望。

所以说，性激素水平迅速升高激发了人的性欲望和性冲动。这些性冲动是可以受到大脑的理性控制的。

青少年生理发育正常，到了这一年龄就会产生性的幻想和憧憬，这都是自然而然、天经地义的事。这时，如果孩子得不到正确的引导，把低级下流的事情和性冲动画等号的话，就会自责或产生内疚感；或是因为对性冲动和性欲望的理解和控制不当,致使孩子在未成年时发生性行为,都会对孩子的身心健康造成不良影响。

王阔读初中二年级,刚刚转学到一所新学校。他的性格内向,身边几乎没有一个朋友。一天放学后,王阔来到一家网吧上网,本来像平常一样玩玩电脑游戏,可是那天他觉得百无聊赖,对玩游戏也提不起兴趣来。就在这时,他无意中打开了一个色情网站。网页上面都是些穿着泳装的少女的图片,有的图片上的女孩则是一丝不挂。王阔看到这些画面不禁满脸通红,慌忙关掉了网页。

回去的路上,王阔有点魂不守舍,对周围的一切熟视无睹,脑海里一直浮现着那些女孩的画面。晚上,王阔梦见了那些女孩子,感到一种前所未有的兴奋、冲动,在梦里,王阔和女孩拥抱、亲吻……

从此后,王阔越来越沉默寡言,每逢上网便寻找那些色情网站,仿佛只有如此,才能得到心理上的满足。不久,这些黄色网站都被依法取缔了。王阔找不到刺激的图片,开始变得无精打采,上课也不专心听讲,做什么都打不起精神来。

王阔总是难以忘记那些看过的画面,甚至不由自主地性幻想。这种感觉让他很羞愧,又找不到人可以倾诉。于是,王阔总是控制不住自己的"非分之想"和性冲动,他越来越觉得自己下流、无耻,像流氓那样。有一天,王阔在课堂上忽然站了起来,惊恐地说:"我,我不是流氓,不要抓我……"

经诊断,王阔得了精神分裂症。

美国儿科教授布鲁克警告说:同时拥有成人的身体和孩子的头脑是很危险的。处于青春期的孩子,他们的性腺日趋成熟,生殖系统发育日渐完备,然而由于社会规范的限制和自身发展的需要，他们必须克制自己的性欲望。

青少年的性意识被日渐成熟的性生理所激发，对性知识产生浓厚的兴趣，一旦接触到低级趣味的、不健康的读物，就会趋之若鹜。这就好比吸毒的道理一样，刚开始大家都是因为抱着好奇、试一试的态度，一旦涉及就会弄得自己倾家荡产，终身无法摆脱。孩子受黄色书刊和影视片的影响也是如此，就算是一本手抄本的低级读物也能毒害、影响孩子的一生。

其实，并不是每个处于青春期的孩子都会对低级读物产生兴趣，也不意味看了低级读物和黄色刊物的孩子就会犯罪，重要的是自己怎样看待和抵挡这种诱惑。正确的人生观和积极的兴趣爱好可以有效抵挡这种诱惑。正如茅盾所说："命运，不过是失败者无聊的自慰，不过是懦弱者的解嘲。人们的前途只能靠自己的意志、自己的努力来决定。"

孩子有没有"底气"去拒绝色情的诱惑，和他们的家庭教育有关。从某种程度上来说，"底气"是一个人所受的长期的家庭教育的积累。

孩子的青春期提前到来，使得父母不得不面对严峻的现实问题，那就是：如何对待孩子性生理成熟后萌发的性好奇心理？如何让孩子抵制色情诱惑？

要帮助孩子抵制色情的诱惑，首先要净化刺激源。

色情音像和书刊就像精神毒品一样摧残着青少年的身心健康，它们是导致青少年走向罪恶深渊的祸首之一。因此，避免让孩子接触到这些东西，净化孩子身边的环境就显得尤为重要。

父母对孩子购买或借阅书刊、光盘等要给予指导，告诉孩子要到正规的书店和图书馆借阅。父母自己不要将有淫秽内容的纸质读物或电子读物带回家。黄色书刊、光盘等可以没收，网上色情却难以控制，所以父母要教育孩子尽量不要到网吧去上网，或者应该由父母陪同上网。

同时，科学知识像预防针，可以增强孩子的免疫力和抵抗力。父母可以让孩子在闲暇时阅读一些社科类、自然科学类的相关书籍。

其次，父母要多留意孩子身心的变化。

有的孩子遇到自己身体发生变化和发育方面的问题时，常会闷在心里，不好意思说出口。因此，父母要多留心观察孩子是否有异常表现。例如，有的孩子成天萎靡不振的原因竟是怀疑自己的性器官发育不够完全，身心健康受到很大影响。

父母可以建议孩子遇到性心理问题时要多与成人交流，向老师或家长求教，也可向热线电话、咨询部门求教，及早寻找到一个科学的答案。

上初二的小夏和表哥的关系很好。小夏遇到高兴、烦恼的事情，都会写电子邮件向表哥倾诉。最近，小夏感到自己遇到了有生以来的一个大烦恼，于是他在给表哥的信中写道：

"表哥，告诉你一件事情，不过，你可要帮我保守秘密……

"最近一段时间，我看不进书，上课也不能专心听讲，脑子里总是胡思乱想。有一次，我去看一部电影，里面有一些男女拥抱、接吻和其他性爱的镜头，还有一个镜头是女主角半裸着身体，给我留下了深刻的印象。回来后，我吃饭时想，走路时也想，白天想，晚上还想。我们班上有个女同学长得有点儿像那个女主角，我一看到她，心跳就加速，于是我拼命地控制自己不要去看她。为这，我都没有心思去听讲。

"我真担心自己这样下去会是什么样子。我一面向自己保证一定要做个道德高尚的人，可是另一面又把那个女同学的样子和那个女主角的样子在脑海中叠起来。我常常骂自己可耻、下流，我真害怕，我不知自己怎么了……"

表哥收到小夏的来信，看完后，立即明白了是怎么回事。原来，表弟正在青春的骚动与困惑中苦苦挣扎。准确地说，表弟正在被性冲动折磨着。

于是，表哥回信道："表弟，哥哥看了你的来信，我明白你心中感到困扰的事情是什么，当然，我一定会给你保密的。其实，我也曾经像你这样'胡思乱想'过。现在，我告诉你，你所说的这件事情并非什么'罪恶，见不得人'的事情。这只是一种青春期的'性冲动'。这是进入青春期以后的少男少女常常产生的一种性心理的表现。现在你缺乏必要的性生理和性心理知识，所以不能科学地对待自身的变化，也不能正确看待周围的异性，因此会出现困惑和不安。我建议你要学习和掌握有关性知识，加强性道德的修养，培养自觉的性抑制力。还有就是平时多看一些有益的课外图书，多参加有益的课外活动。"

小夏见表哥是"过来人"，也曾和自己一样困惑，于是不再感到烦恼，按照表哥的建议，阅读有益的书刊，参加有益的课外活动。不久，他又恢复了往日的活泼，学习、生活也恢复了正常。

让孩子给自己积极的心理暗示也是一种有效的方法。

一般来讲，性格开朗的孩子往往是比较理智的，他们态度积极，生活规律，即便是他们产生性冲动，上述这些特质也会帮他们把性冲动加以抑制。

因此，父母可以让孩子把心中的想法、好奇心或者对特定异性的思念和关切写进日记里，以自己的道德修养和意志力消除自己的消极情绪，对自己的情感和行为利用理性进行有效控制，并对自己进行积极的心理暗示，把对异性过多地关注转变为推动学习和促自己全面发展的动力。只有这样，才能让孩子的人格力量得到升华，从而抵制色情诱惑。

远离"暴力网游"

网络游戏作为一种新的文化形态，正在逐渐加深对人们的影响。在现实生活中，因为暴力网络游戏而引发的打架斗殴事件越来越多，并且参与者大多是拥有健全人格的成人。试问，成人都难以完全抵抗暴力网游的影响，更何况是性格和心理都不健全的孩子呢。

一般情况下，暴力网络游戏是青春期孩子的"最爱"。青春期孩子精力旺盛，学习之余总是会有用不完的精神和体力，在高科技还没有如此发达的时候，孩子们就喜欢聚集在一起打打闹闹，偶尔也会做出打伤人的行为。但网络游戏就不一样了，它对孩子的影响更深更大。

青春期的孩子正处于性格塑造期，对社会的认知还处在片面状态，如果这时候让他们过多接触网络游戏中的暴力内容，就会让孩子分不清现实和游戏，无意识中把游戏中的暴力行为带到现实生活中来。

旺旺是一名初学生，从小他就喜欢玩电脑游戏，一开始只是玩些益智类的小游戏，渐渐地，他发现一些大型的网络游戏不仅更好玩，还能和别人互动。于是，旺旺就不再玩那些小游戏，转而把注意力全放在了那些打打杀杀的网络游戏中。

旺旺在游戏里玩得很开心，每天杀怪升级，当等级逐渐变高时，就去找其他玩家PK，每天砍砍杀杀，玩得不亦乐乎。

一开始旺旺的父母并没有太在意，以前儿子玩游戏不仅没有受到不良的影响，还在一定程度上开发了大脑，使他的思维能力增强了不少。这一次，旺旺的父母以为儿子又找到了一个新的益智游戏，就没有阻止他去玩，也没有过多地了解游戏的内容。

直到有一天，旺旺的爸爸听到儿子对着电脑说："再来PK，看我不杀了你！游戏里杀不过，有本事咱们在现实生活中PK一次，看谁打得过谁！"

"儿子，你在跟谁说话？"爸爸问。

"没事，我玩游戏呢。"旺旺不耐烦地回答道。

"这次玩的游戏好像和以前不一样啊？好玩吗？"爸爸又问。

旺旺正忙着和人PK，见爸爸来打扰自己，心里很生气，就大声吼道："你管那么多干吗，再问那么多，小心我收拾你！"

爸爸闻言愣住了，沉声问道："你准备怎么收拾我？"

"随便怎么收拾，拿刀拿剑都行！你就别来打扰我了行不行？没看到我正在杀人吗？"旺旺生气地说。

"杀人？"爸爸更震惊了，连忙来到电脑前面观看，见儿子正十分熟练地点击画面中的人物，"挥刀"杀得痛快。

"你不能再玩这个游戏了。"爸爸严肃地说道："你平时玩些小游戏，爸爸觉得对你的智力开发有好处，但你现在玩的游戏却让你变得十分暴力，爸爸不能让你再这样继续下去了。"

但旺旺却觉得爸爸说得有些太严重了，"只是玩个游戏，我又没真的杀人放火。"

"但你刚才不是说要收拾爸爸吗？爸爸觉得，你再这么玩下去，总有一天，会真的做出这些事情的。"

旺旺听后若有所思，但他并没有意识到自己无意识之中已经把游戏中的暴力行为带到了现实生活中，之后的很长一段时间，他还是随心所欲地玩网络游戏，爸爸禁他网，他就到同学家玩，同学家不能去，就找黑网吧玩，反正只要能玩游戏，他什么也做得出来，直到有一天，他因为口角把同学打伤后，才意识到自己现在变得多么暴力了。

现在网络的普及让越来越多的孩子喜欢坐在电脑前面玩游戏，小时候玩小游戏，随着年龄的增长，那些看似"幼稚"的小游戏已经不能满足孩子的猎奇心，而青春期的孩子因为性格的原因，经常会把目光投到比较暴力的网络游戏中。因为孩子从小到大通常都好动爱闹，每个孩子的心目中也都藏着一个英雄梦，在游戏的世界里，他们就能通过与玩家PK、攻略关卡等形式"实现"自己"称王称霸"的梦想，这让他们十分有成就感。

另外，孩子经常因为父母"望子成龙"的原因而过早地肩负起重大的责任和压力，他们想发泄却又找不到正确的方法，这时候网络游戏正好帮了他们一个大"忙"。在游戏中，因为不用顾忌，孩子可以"为所欲为"，尽情地释放自己生活中的负面情绪。但他们因为认知片面等原因，无形中把游戏中的暴力行为带到了现实生活中。

心理专家分析说，孩子玩游戏，可以分为兴趣期、兴奋期、矛盾期和成瘾期。从这四个时期的名称我们不难看出，如果父母想要阻止孩子把游戏中的暴力行为带到现实生活中，就要在孩子对游戏成瘾以前进行适当的干预和教育。父母在孩子玩网络游戏的初期就介入其中，把网络游戏的害处讲给孩子，正确引导孩子远离有害网络游戏。父母要在平时多陪在孩子身边，和孩子多沟通交流，最好能带着孩子一起参与到现实生活中的一些小游戏之中。

网络爱情不可信

欧阳是济南一所中学的学生，学习成绩很好，参加奥赛还得过奖，不但受到了学校老师的表扬，还得到了父母的重奖——一套高配置的台式电脑和一个时尚的苹果手机。欧阳的父亲是当地的一个成功的商人，母亲也有自己的设计室，虽然家里经济条件很好，但父母并没有宠着他，而是鼓励他积极上进。从小就很听话的欧阳也明白父母的好心，并没有养成奢侈、纨绔的不良习气，反而学习一直都很努力。

奥赛获奖后，欧阳得到了他梦寐已久的礼物，暑假里，不喜欢运动的他开始畅快地玩起了网游，父母也为他这么省心而高兴。

在玩网游中，欧阳结识了不少朋友，他为自己能在短时间内认识到这么多的朋友而高兴。特别是他和一起玩《劲舞团》的一个名叫燕子的女孩很聊得来，只要上线就会聊大半天，在对方下线时他还常常有意犹未尽的感觉。随着聊天的深入，他更进一步地"了解"了女孩的情况。原来她有着特殊的身世，和欧阳同龄的她因为家里经济条件差而不得不放弃了学业，只身来到大城市打工养家，性格有些内向的她不善于和周围的人交流，繁忙的工作之余，玩玩《劲舞团》就是她最大的乐趣和减压方式了。在视频聊天中，长相清秀的燕子跟自己讲心里话，讲到开心处，燕子咯咯直笑，欧阳也跟着高兴，当燕子讲发生在身边的不愉快的事情时，看着她流泪的双眸，欧阳的心像是被刺痛了，很想多帮帮她。

　　一个多月后，欧阳在网上向燕子求爱了，不久燕子扭捏着答应了。初恋中的欧阳为了减轻自己女朋友的负担，时不时地把自己积攒的零花钱都给她寄了去，在燕子感激中他像是找到了自己的价值。随后的日子，两人的联系越加密切，但每当欧阳说去看她时，她总以路途远，学业为重劝他以后再来，这令欧阳更加的感动。燕子在体贴地关心欧阳时，更经常讲到自己家庭的困难，父母长期重病，爷爷住院等等，在爱情的魔力下，善良的欧阳一次次给燕子汇去款，数额也逐渐增多。当他的积蓄用完后，又用种种理由从父母那里拿了一万多元给燕子汇去了。

　　渐渐地，父母发现儿子有些不对劲，和他进行了深入交流后才知道了事情的原委：原来自己的儿子居然在网上和人谈恋爱了。父母告诉欧阳那个女孩很可能是骗子，但他并不相信，还因此和父母吵了起来。

　　无奈中，父母只好报警。当警察来到欧阳家，听了介绍后，也很赞同欧阳父母的判断。于是，他们通过技术手段锁定了燕子的地址，最终在千里之外找到了这个人。面对警察的询问，燕子才坦诚自己已经25岁，好逸恶劳的她用编造悲惨家世的方法骗了好几个涉世未深的孩子的钱了，总额在10万元以上。

　　得知真相后，欧阳非常伤心和自责。在父母和警察的开解下，他终于明白了一个道理：网络世界不等于现实生活，稍有不慎就会上当受骗，感情，更不能在网上谈。

　　年轻的欧阳在无意中落入了燕子的爱情陷阱中，他不仅付出了真情，还损失了钱财。幸亏父母发现得早，并当机立断报警，避免了钱财的进一步损失，也把欧阳从网恋中拯救出来。否则，时间一长，孩子在感情上受到的伤害会更深，这十分不利于青春期孩子的健康成长。

第九章
培养孩子，
好习惯造就好人生

家庭教育的重点之一就包括培养孩子的良好习惯，如果能在孩子年幼的时候，引导其养成良好的习惯，这样对孩子的一生能起到决定性的作用。人的命运有时候是由习惯所决定的。孩子有好的习惯，才会少走弯路，良好的习惯有助于孩子修养的提高以及行为的规范，这样也为孩子的成才之路奠定了良好的基础。

让孩子养成良好的饮食习惯

孩子不好好吃饭，是令很多家长头疼的问题。不少家长反映，不管是价格多高的果蔬肉类，做得味道多好，孩子都提不起吃的兴趣。就算是把孩子强行摁到饭桌上，孩子也不好好吃。这就是为什么人们经常会看到一些家长端着碗追孩子吃饭的原因了。

佳佳从小就不好好吃饭。吃饭的时候，她总是分心做别的事情，每次都要妈妈催上半天才勉强吃两口。

为了能让佳佳乖乖地吃饭，妈妈费尽了心思。一开始妈妈觉得可能是她做的菜不对佳佳的胃口，每天就做不同的饭菜给佳佳吃，可佳佳还是对美味佳肴提不起兴趣。妈妈用尽了哄骗、威胁等方法都无效，有几次妈妈气不过，就责打佳佳，但最后佳佳还是不能乖乖地吃饭……

为了解决孩子不好好吃饭的问题，家长喜欢用哄骗甚至是打骂的方式强迫孩子吃饭……但这样做也收效甚微。

要解决孩子不爱吃饭的问题，首先要找出孩子不爱吃饭的原因。孩子不爱吃饭最常见的原因就是因为吃了太多的零食，导致到吃饭时没有饥饿感。孩子自制力弱，他们认为好吃的零食，就会吃个没完，这样到该吃饭的时候就不好好吃

167

了。孩子吃饭不规律，平时摄入过多的高糖食品，也是导致孩子缺乏饥饿感的原因之一。所以说，孩子不爱吃饭，问题不在孩子身上，而在于家长没有使孩子养成良好的饮食习惯。

那么父母应如何培养孩子自觉吃饭的好习惯，解决孩子不好好吃饭这个老大难的问题呢？

首先，让孩子养成良好的用餐习惯。必须让孩子养成按点吃饭的好习惯。饭前洗过手之后就不能再吃其他的东西了；鼓励孩子吃多种食品，养成不挑食的好习惯；用和孩子比赛吃饭，吃完饭，看谁收拾碗筷快的方法，鼓励孩子好好吃饭，养成饭后自己收拾碗筷的好习惯。

其次，严格控制甜食和零食的摄入量。食欲也会因为血糖的高低而受到影响。神经中枢受到低血糖的刺激，机体就会产生食欲。反之，血糖高则使食欲下降。如果孩子摄入过多的零食，特别是甜食，其血糖值就会长时间停留在较高的数值上，食欲自然就不会太好。

再次，让孩子在愉悦的状态下进食。吃饭应该是一种享受。吃饭时，家长不要强制孩子吃他们不喜欢的东西，否则孩子的食欲会受到影响。孩子最讨厌在吃饭时和自己讨论问题，因此，所有问题放到饭后讨论。

最后，在孩子的用餐心理上做文章。用普通的餐具无法引起孩子的饮食兴趣，父母不妨在孩子的餐具上多花点心思。孩子往往喜欢形状奇特、颜色漂亮的食物和餐具，父母可多加留意孩子这方面的喜好。另外，不要一下子给孩子盛一大碗饭，否则孩子还没吃，就会产生自己无法对付的感觉。送到孩子面前的食物，最好要略小于孩子的食量。孩子觉得少，才会吃得香。若是不够吃，他肯定会央求家长再给他盛一碗。

最后，别怕孩子饿着。饥饿的时候人才会产生旺盛的食欲。孩子饿了，平时他不爱吃的东西也会觉得特别香。适度让孩子体验饥饿的感觉，可使孩子的食欲得到明显的改善。但很多父母生怕孩子饿着，甚至强迫孩子吃东西，其结果往往适得其反。有时候给孩子一点饥饿感，等到下一顿饭，不用请，孩子就会主动要求吃饭了。

讲卫生的孩子才是好孩子

孩子身体健康的保障得益于良好的卫生习惯，清洁卫生状况直接影响孩子的身心健康。有许多肠道感染和眼部疾病都是因为不讲卫生所引起的。

讲卫生是孩子健康的前提保障，那些没有良好卫生习惯的孩子往往都会感染一些疾病。保持良好的卫生习惯，不仅是身体健康的保障，也常常是人们长寿的秘诀所在。

孩子卫生习惯的养成，离不开父母的引导与监督。只要父母用心关注，完全可以让孩子逐渐达到"习惯成自然"的境界。

培养良好的卫生习惯对孩子而言很重要。孩子如果缺乏卫生知识，没有良好的卫生习惯，就很难有一个健康的身体，更谈不上能适应现代化快节奏的学习、生活和劳动。因此，父母要根据自己孩子的特点，采取正确措施，培养孩子良好的卫生习惯。

首先，要让孩子明白，干净整洁的仪表和讲卫生的习惯体现在生活中的小事上，讲卫生的习惯往往体现出一个人的精神面貌。

美国总统奥巴马有条家规：房间的内务之一铺床，不单单只是铺了，一定还要达到整洁的程度。奥巴马认为，孩子的大事就是如何做好一天的开头。对孩子整理床铺的高标准，是对孩子养成良好卫生习惯的一种教育方式。

一日之计在于晨，良好的开始会让孩子度过舒心的一天。整洁的卧室和床铺会让孩子对新的一天有更美好的憧憬。

铺床看似是个小事，但其意义有助于孩子养成良好生活习惯和认真的态度。奥巴马指出，父母应当注重如何为孩子创造良好一天的开端。要求孩子早上起来后把床铺好，是为了培养孩子良好的卫生习惯。良好的卫生习惯不仅有利于身体健康，更会影响一个人的精神面貌，甚至影响人际关系的发展。

讲卫生的孩子对生活往往有乐观积极的态度。父母应该让孩子从生活中的小事做起，在生活的点滴之中提高卫生意识，从而为今后的发展打下良好的基础。

其次，父母要告诉孩子，不讲卫生会带来各种危害，比如，会生病，会肚子疼，等等。

孩子生病的时候正是纠正孩子不讲卫生的坏习惯的最佳时机。如果经过父母多次提醒、批评，孩子还是改不掉不讲卫生的坏习惯的话，那么父母就可以在带孩子看病的时候，让医生提醒孩子平时要注意讲卫生。因为对有些孩子来说，医生的一句话比父母的十句话都管用。

再次，父母要为孩子树立一个讲卫生的好榜样。榜样的力量是无穷的。父母可以观察孩子平时交往的同伴中，哪些孩子有讲卫生的好习惯，可以让这些孩子来带动自己的孩子。

明明不讲卫生，不勤换衣服也不爱洗澡，身上常常有股异味。明明书桌上的灰尘很多了也懒得去擦一下。为此，明明的妈妈感到很苦恼。

一次，明明带小梁来家里玩。妈妈留意到，明明和小梁在一起总有说不完的话，而小梁穿戴很干净、整齐，是个讲卫生的好孩子。小梁走后，妈妈还发现明明对小梁说过的话或者做的事称赞不已，于是妈妈想出了一个主意。

明明的妈妈找到了小梁的联系方式，然后和他商量好，哪天小梁打扫卫生，就让明明去他家玩。妈妈的用意很明显，是想让明明跟着小梁学习讲卫生。

一个周末，小梁正在自己的房间里大扫除，明明来了。小梁就招呼明明先找个地方坐着，自己一会儿就忙好了。明明不好意思坐，就站在旁边看小梁打扫卫生，只见小梁在湿抹布涂上肥皂，然后再轻轻地擦拭书桌，几处污渍很快就被擦掉了。明明提出帮小梁一起打扫卫生。小梁也不客气，就让明明帮他整理书本。不到半个小时，屋子里就焕然一新、干干净净了。

小梁告诉明明，自己每个星期都会搞一次大扫除。从小梁家回来后，明明像变了一个人一样，不但把自身收拾得很干净，住的房间也整洁多了。

让孩子热爱运动

轩轩今年上五年级了，长得白白胖胖的，很不爱运动。由于学习负担过重，轩轩在周末也总是待在家里，整天除了做作业就是上网。爸爸想让轩轩每天去小区里跑跑步，但轩轩宁愿让爸爸给自己布置家庭作业也不去运动。

轩轩觉得锻炼身体太辛苦，又没有意思，不管爸爸怎么劝说，他就是不肯去锻炼。

虽然孩子不爱运动有多种原因，但是运动却是孩子的基本需要。某知名大学的一位教授这样说道："运动是儿童最基本的需要，他们十分渴望运动。"他认为，长大后对运动持消极态度的孩子，往往在童年时期没有接受到良好的运动刺激，从而导致孩子对体育毫无热情可言。一个人如果长时间地静坐而不参与运动，身体各部位得不到有效的刺激，他的运动能力就会下降，甚至智力也会受损。

在一所小学操场举行的读书启动仪式上，竟然有孩子晕倒了，而且不止一个！早上的阳光不是很强烈，时间也只有半个多小时，可是竟然有的学生站不住，晕倒的既有女孩，也有男孩。

事情发生后，老师立刻仔细地观察了班里其他孩子的神情，并让他们由立正的姿势改为稍息，还提醒孩子，如果不舒服就举手报告老师。过了一会儿，有一个女孩轻声地告诉老师，她头晕。于是老师马上叫她到操场边上去坐着。

老师们不禁感到疑惑，本该充满朝气的孩子，怎么会如此弱不禁风呢？

事实证明，孩子缺乏运动，会使体质变弱，甚至导致肥胖或虚弱。生命在于运动。父母要让孩子认识到体育锻炼的重要性，改变孩子不爱运动的习惯。

父母要培养孩子对各种体育项目的兴趣。孩子只有真正了解体育锻炼产生的积极作用，他们才会真正地投入到体育锻炼的行列中来，慢慢地他们就会从中找到乐趣。

孩子最好的老师非兴趣莫属，只要孩子对体育产生了兴趣，参加各种体育运动就不再成为难题。所以，父母要将自己的心态放平，千万不要对孩子参与的体育项目有过高的要求，只要孩子喜欢就可以了。如果对成绩过于强调，反而会适得其反，促使孩子对体育产生逆反心理。

让孩子热爱运动，必须培养孩子不怕吃苦、持之以恒的毅力。所以，制定从实际出发的短期目标，有助于孩子参与体育锻炼。最好是让孩子决定自己的项目，而不是家长决定。要让孩子为自己制定目标，父母可以协助孩子完成体育锻炼的计划，但不要干涉。

在实施计划的过程中，可以对目标做出适当的调整。比如，让孩子练习跳绳，短期计划要求孩子能连续跳15下即可，但在实际练习中，孩子很快就达到了这个目标，那么这时就需要鼓励、表扬孩子，同时适当地提高目标要求；反之，如果孩子达到目标很困难，父母就要检查原来的目标是不是太高了，然后适当地降低目标要求。

为孩子规定具体的锻炼时间，但遇到特殊天气等问题，可根据实际情况适当调整，但不能让孩子以忙为由逃避锻炼。零碎的时间是孩子锻炼的最佳时间，利用零碎时间，锻炼一下，休息一下，然后接着锻炼，循环往复。

父母要根据孩子的年龄和体质，教给孩子锻炼身体的正确方法。

研究表明，7至12岁的孩子更需要学习一般性的运动技能。过早参加大运动量运动不仅会对孩子的发育造成伤害，而且长期处于激烈的竞争中也会无形增加孩子的心理压力。因此，父母要根据孩子的年龄和体质，教给孩子锻炼身体的正确方法，从而培养孩子参加体育活动的积极性。

根据孩子的身体情况采取相应的科学的锻炼方法，也是很重要的。每分钟100至160之间的心律跳动的运动量是最合适的。就总体时间而言，长时间运动最好不要超过一小时，否则孩子会因为过量的运动产生逆反心理。

除此之外，父母可以给孩子一些建议，让孩子除了按时参加学校统一安排的体育课和体育活动外，在没有体育课时，课后可自行锻炼，逐渐培养成自觉锻炼的好习惯。

严肃对待孩子的偷窃行为

曼曼是小学四年级的学生，妈妈是一家公司的管理人员，爸爸是私人企业的老板。曼曼家里的经济条件殷实，她平时也不缺零花钱。但是最近班主任老师反映，曼曼有几次把同学的笔、橡皮带回家去。其实，在她读二年级时就曾偷走了同学文具盒里的钱，只是当时没有引起父母的重视。

对曼曼的偷窃行为，老师曾多次对她进行教育，但效果不明显。曼曼的父母感到很不理解，家里什么都不缺，为什么孩子还喜欢偷别人的东西呢？

孩子偷东西的行为并不少见。那么，孩子形成偷窃习惯的原因是什么呢？

从前，有一位年近半百的富翁，老来得子。富翁很心疼儿子，对儿子的一言一行迁就放任，什么都依着他，生怕严格管教会使儿子受委屈。

孩子在四五岁的时候就养成了坏习惯，不许人管而且强横霸道。

富翁觉得反正儿子年纪还小，现在不用管，等他长大了就懂事了。

随着时间的推移，儿子的恶习也逐渐增多，胆大到常人难以想象的程度。到了十七八岁的时候，他竟常常偷拿父亲的钱到外面去吃喝玩乐，肆无忌惮地挥霍。

儿子每次跟富翁说话都会出言不逊，把富翁气得浑身发抖，而富翁却丝毫没有办法。

不久，富翁的钱就被儿子挥霍完了。儿子因为没钱用，就离家四处流浪去了。

光阴似箭，一转眼，富翁已经80多岁了，暮年孤苦无依，处境好不凄凉。

有一天，富翁在桑园里独自散步，不禁想起不争气的儿子来，忍不住叹了一口气。这时，桑园里的农夫对富翁说："老人家，您这般叹气是为什么啊？您能帮我把这桑枝弄直吗！"

富翁笑笑，摇着头说："哎呀，这枝已经粗得直不回来了。"

农夫说："不错，不错。不但是桑枝要从小直，教育孩子也要从小开始！"

年迈的富翁听了这句话，禁不住老泪纵横，他忍不住后悔自己当初没有好好地教导儿子。

"少年若天性，习惯成自然。"孩子小的时候拿走别人的东西，仅仅是出于喜欢，没有道德观念，如果得不到大人的及时纠正，一旦养成了习惯，就会把偷窃当成自然，甚至不以为耻了。

因此，家教不严会让孩子形成偷窃的习惯，甚至当别人用道理教育他们时，他们也不以为然。

有的孩子自制力差，物质上的引诱也会让他们产生偷窃行为。好看的玩具和学习用品吸引着孩子，可是自己的愿望又得不到满足，为了满足物质上的需要，孩子便学会了偷窃。

有的孩子有虚荣心，为了满足虚荣心，乘人不备就将别人的东西据为己有。

另外，反抗心理也会让孩子产生偷东西的行为。一些孩子遇到不公对待后，比如，老师的偏向和同学的欺负，都会引起他们以偷为报复的心理，以此满足心理上的平衡。

作为父母，必须严肃、认真地对待孩子的偷窃习惯，教育孩子"勿以善小而不为，勿以恶小而为之"。

菲菲从农村出来，到城里打工。她鼓起勇气前往一家正在招工的酒店应聘。菲菲幸运地通过了面试，老板给她的月薪是900元，加班费另计。菲菲很高兴能到这家有名的酒店当服务员，工作起来也特别勤快。每天，她总是最早一个来上班，最晚一个下班的人。然而苛刻的老板前后挤对走了几个非常能干的服务员。菲菲得知后，忍不住担心自己能否干得长久。

一天，菲菲在打扫卫生时，意外地发现餐桌座位底下有一张崭新的百元钞票。菲菲的心顿时一阵狂跳，连忙往四周看了看，似乎没人注意自己，于是就弯下腰将钱捡起来。

然而菲菲没高兴多久，忽然想起自己小时候，父亲宁愿卖血也不愿意白捡别人的钱用。

那年菲菲才8岁，为了她过年时能够有一套新衣裳，父亲偷偷地到山外的医院卖血。在山口，父亲捡到一个钱包，里面有30元钱。当时，30元钱是一笔不少的钱。有了这30元钱，父亲完全可以不去卖血，然而他却硬是在山口苦苦地等待，终于等来了失主。

父亲对菲菲说："不是自家出力挣的钱，拿了烫手。咱人穷，可绝不能志短啊！"

这句话一直铭刻在菲菲的心间。现在，虽然百元大钞确实让菲菲心动，但是她还是毅然把捡到钱的事告诉了老板。

没想到的是，老板说让菲菲捡到钱是自己的一个"计谋"，那几位服务员就是经不住这种诱惑而被辞退的。菲菲恍然大悟，不禁由衷地感谢父亲，是父亲的言行给自己树立了榜样，并且还让自己从中受益。不久后，菲菲被提升为酒店的领班。

如果父母教会孩子面对捡来的钱财而不动心，孩子又怎么会去偷窃呢？因此，父母在平日首先要以身作则，让孩子有正确的道德观念，那么孩子也会学会诚实做人，不随便拿别人的东西。

学会时刻自省，才会不断成长

高尔基说："反省是一面莹澈的镜子，它可以照见心灵上的污点。"意大利诗人布朗宁说："能够反躬自省的人，就一定不是庸俗的人。"曾子说："吾日三省吾身。"这些都在告诉人们，人要常常自省，养成自省的习惯，才能使自己的心如经常拂拭的明镜一样明亮。自省是人们对自我认识、提升自己、实现自我价值的重要手段。自古以来，每个成功的人士，必然是懂得自省的人。因此，父母要注重培养孩子的自省能力，让孩子懂得时时自省，养成自省的习惯。

曾有孩子这样问父母："人的眼睛为什么不对着长，这样的话，两只眼睛对看，就能够看到自己的样子，不必担心牙齿上有韭菜屑，以及嘴角的饭屑。"

这个问题问得很有意思，因为不少动物的眼睛是长在两边，所看到的范围比较广；而人就看不到自己背后的事物，被人从身后袭击都不知道。大教育家孔子一语道出真谛："人苦于不自知。"这并不是说人们的眼睛不够雪亮，其实人的眼睛"明察秋毫"，遗憾的是会出现"只见树木，不见森林"的情形，看得见别人脸上的麻子，看不见自己脸上的痘痘。

幸运的是，人类发明了镜子。古人说："以铜为镜，可以正衣冠；以人为镜，可以明得失。"但镜子出现以后，很多人还是没有自知之明。心理学家曾做过这样一个有趣的实验，用镜子来测试婴儿知不知道什么叫自我。

心理学家先把一面镜子放在婴儿面前，10天之后，将镜子取走，在婴儿额头上点一个无臭无味的红点。当镜子还没放到婴儿跟前，他并不会用手去摸额头，但是当镜子放到面前后，他一看到镜子中的"身影"，便立刻用手去摸额头，这说明他明白镜中人是自己，而且知道自己原来是没有红点的。

如果将第一步省略，看似自己头上有红点，但他不会去摸镜子，因为没有比较就没有判断。

这个实验说明什么呢？当一个人不知道原来自己的样子，就只会顺其自然。但通过照镜子认识自己后，那么一有什么不对就会立刻察觉，而且这种察觉不会因为知道却装作视而不见，他会在镜子前面一直看。可见，一个人拥有自知是非常重要的。

大哲学家苏格拉底说："没有经过内省式思考的生命是没有意义的。"柏拉图进一步解释道：做人如果不懂得内省的话是失败的，道德是通过人的内省实现的。

孩子做事往往比较冲动，他在做一件事情的时候也不会去考虑后果。即使孩子做事时能想一下后果，但由于孩子经历的事情比较少，思想比较单纯，孩子的预见能力还是比较弱的。这时候，父母可以帮助孩子预见后果，从而达到反省的目的。

小涛做事总是由着自己的性子，根本不顾及后果。妈妈决定找个机会，让他体验一下苦果。

星期三的晚上，小涛看电视看到了11点还不去睡觉，他完全没有在意第二天的数学竞赛。第二天早上8点他才醒来，慌慌张张地赶去考场参加考试，结果考得一塌糊涂，影响了班级荣誉。老师批评了他。

小涛抱怨妈妈没有及时叫醒他。妈妈说："小涛，你都10岁了，做事应该能想到后果了。你明知道第二天有数学竞赛，为什么头一天晚上不早点休息呢？你应该认真反省一下自己的行为。"小涛觉得母亲说得对，就表示以后自己要注意了。

孩子很少能对自己所做的事情做出正确的预见。为了提升孩子的预见能力，父母除了让孩子体验预见不足带来的危害外，还要多给孩子讲述一些日常生活中的故事或者历史典故，让孩子不用去经历一些事情就能积累经验。当孩子遇到和父母讲述的故事类似的事情时，他就会依据自己的经验，做出正确的判断。

成长中的孩子常常会犯错误，这正是对孩子教育的"黄金时刻"。这时候，如果父母循循善诱，动之以情，晓之以理，引导孩子进行反省，就会取得很好的效果。

小云特别喜欢金鱼，一有空他就把金鱼从鱼缸里拿出来玩儿，母亲看到后没有指责他，而是采取了"冷处理"的方法。

由于小云经常把金鱼拿出来玩儿，鱼缸里的金鱼相继死去，最后，鱼缸里一条金鱼也没有了。母亲仍然没有批评他，也没有再买金鱼。

就这样过了10多天，小云问母亲："妈妈，怎么不买金鱼啊？"

母亲觉得教育孩子的最好时机到了，就反问道："你说呢？"

"是我把金鱼都弄死了。"

"是啊，如果妈妈再买来金鱼，还是会被你弄死，那么妈妈还买金鱼干什么呢？"

"妈妈，我已经知道错了，你买吧，我再也不会把金鱼拿出来玩儿了。"

母亲看到孩子已经认识到自己的错误，就又买来了金鱼，小云果然不把金鱼拿出来玩儿了，而是耐心地照料它们。

教育孩子反省有很多办法，有的时候用"冷处理"的方法，让孩子去反思自己的行为，当孩子认识到自己的错误后，再心平气和地跟孩子沟通，就比单纯指责强得多。

孩子犯错的时候，父母要加以适当引导，让孩子懂得自省，孩子的人格才能不断趋于完善，孩子的心理才会越来越成熟，人生才会越来越幸福。

让孩子反省的方法有很多，写日记是一种自我认识、自我反思的好方法。父母不妨让孩子养成写日记的习惯，让孩子在写日记的过程中，发现自己的优点和缺点。孩子在日记中不需要写太多反思的内容，如果孩子觉得写不出任何内容、就写一条反思总结，这样积少成多，一年也有365条。如果孩子一天能总结好几条，那么这个数量就会非常可观了。假如孩子能够把这些缺点逐一改正，孩子就会成为一个趋于完美的人。

除了写日记，父母还可以帮助孩子建立"自省档案袋"，让孩子反省自己一天当中的行为，把自己的不足之处或者自己做事的一些可取的方法总结出来，写在一张小卡片上，放进"自省档案袋"。每过一段时间，父母就把孩子的自省总结档案卡拿出来，看看孩子的不足之处是否已经改进。如果孩子的某个缺点没有改掉，就把这个缺点所在的档案卡单独拿出来，用红笔标上颜色，交给孩子，让他进一步自我反省。

让经常反省成为孩子的一种习惯，成为孩子生活中不可或缺的一部分，孩子才能有所感、有所悟，进而全面认识自我，不断成长。

摆脱做事拖拉的坏毛病

很多父母觉得孩子做事慢、爱拖拉并不是什么大毛病，可实际上，如果孩子没有养成做事麻利、有效率的好习惯，就很难适应这个"快时代"的发展步伐。

孩子做事拖拉、磨蹭，主要原因可能是：孩子缺乏时间观念和效率观念；父母平日对孩子的事大包大揽，导致其依赖性增强；孩子对正在做的一些事情没有兴趣，提不起精神；孩子易分心，常被周围其他东西所吸引而无法集中精力做好当前的事等等。

10岁的兰兰学习成绩优秀，也很听话，是父母和老师眼中的乖孩子。可是，这个乖孩子也不是没有缺点的。

不知从何时起，兰兰养成了做事拖拉、磨蹭的坏习惯，做什么事都比别的孩子慢。很多时候，老师留的课堂作业，其他同学都做完了，兰兰却没有完成，到家里还在做，有时到夜里12点才能做完。后来，兰兰的妈妈打电话给老师，问她有没有在学校里认真做作业，结果，老师说她在学校时也不怎么玩儿，一直在课桌前学习，可就是不能快速完成作业。

不仅如此，兰兰在起床穿衣、洗脸刷牙、吃饭等各种生活细节上也表现得比较拖拉。早晨本来是很早起床的，却很晚才能到校，经常迟到。爸妈提醒她多次，也经常催促她加快速度，但都没起到太大作用。爸妈看到兰兰做事慢腾腾的样子，越来越着急，心想他们都是急性子，可兰兰为什么会如此磨蹭呢？

看来，孩子做事拖拉的原因是多方面的，父母若想帮孩子改掉这个坏毛病，就得从多方面入手，选择合适的方法培养其做事麻利又高效的好习惯。

父母可以让孩子学会与时间"赛跑"，不过，在让孩子与时间"赛跑"之前，父母应先帮助孩子树立时间观念，让孩子认识到时间是世界上最珍贵的财富，失去了就再也找不回来。比如，父母可以给孩子讲一些名人珍惜时间最后取得成功的故事，或将有关珍惜时间的名言警句写成条幅挂在孩子的房间里等。

当孩子有了正确的时间观念后，父母可以为孩子设计一张时间表或完成任务的成绩表，在表上记录他开始做每一件事的时间、完成时的时间，每隔两三天总结一次。发现孩子有进步，做事效率有所提高后，父母要给予其表扬和奖励；若没有进步，父母也不要叱责孩子，应该帮他找出原因，再考虑用其他方法来提高其办事效率。

除此之外，父母还可以尝试用速度测定法，让孩子知道自己"可以更快"。例如，父母可以记录某一段时间里孩子能做几道题、背几首诗词等，然后算算按这样的速度，他需要多长时间才能完成所有作业。

父母还要让孩子自己承担做事拖拉造成的后果，在孩子拖拉、磨蹭的时候，父母要让孩子着急，而不是自己着急。比如，孩子早晨起床磨蹭，穿衣服、整理书包等的速度慢，这时，若父母急得不得了，赶忙帮孩子做这些事，还亲自骑自行车或开车送他去学校，孩子可能会觉得磨蹭一点没关系，反正有爸妈帮我。但如果，父母镇定地站在一旁，告诉孩子"再不快点就要迟到，我可帮不了你"之类的话，他或许会因意识到问题的严重性而加快速度。即使孩子继续拖拉，父母也不要帮，等孩子上学迟到挨了批评，就会认识到办事拖拉给自己带来的害处，之后便会自觉去克服这个坏毛病。

另外，父母可以充分利用家里的小闹钟，闹铃响起时，孩子容易产生紧迫感。所以，在孩子做某件事之前，父母可以帮他定上闹钟。这样，假如孩子做事拖拉，闹钟铃声响后还没有完成任务，那么这个铃声也能提醒他：你已经耽误很多时间了，不能再拖拉了。

除此以外，父母还要让孩子远离易使其分心的东西。有时，孩子做事拖拉、磨蹭，是因为被周围其他东西所吸引，像他喜爱的玩具、零食等。这时，父母应注意将这些东西先归置到另外的房间里，并告诉孩子，尽快做好该做的事后，他就能再次拥有这些东西。另外，孩子学习时，父母要注意帮其营造一个安静的氛围。如果一屋子的人在聊天、打麻将，或父母在一旁看电视、玩游戏，孩子又怎能不受干扰地专心学习呢？

当然，如果孩子抓紧时间、保质保量地完成了任务，剩下的时间，父母就应让孩子自己支配。这样，孩子的身心会得以放松，之后做其他事的效率就会有所提高。

第十章

温暖孩子，
家庭和睦，孩子才会快乐成长

孩子上学后，学校担负着学生的德、智、体等方面的教育。这是理所应当的。但和睦幸福的家庭环境也是孩子快乐成长的关键因素。

家是孩子最温暖的乐园

家庭环境是孩子成长的最佳土壤。父母勤于施肥、松土、浇水，孩子就会像春花一样开放得灿烂；父母弃之不管，这片土壤上的土质就会变得贫瘠，孩子就不能健康成长，难以成才。所以，父母应该让家成为一个适合孩子成长和学习的乐园。

若想让家成为一个适宜学习的地方，父母不但要给家庭创造民主的氛围，还应创造良好舒适的室内环境。家长要保持良好的学习和生活习惯，给孩子做出好的示范。当孩子学习的时候，父母一定要营造一个良好的学习氛围，切忌大声说话，最好不要看电视。

王先生和妻子有共同的兴趣爱好——看书。为了让家庭的学习气氛更加浓厚，王先生和妻子对改造环境以及选购图书投入了巨大的资本。在装修新房时，他们特意选择了一间房间作为书房，并设置了多个书柜和书桌。搬入新居后，他们又购买了几千册有利于孩子成长的书籍，社科类、文学类、词典类、生活类图书都有。每年王先生总要订阅十几种报纸杂志，并经常借助网络查找新知识，借以扩大自己的知识面。

当儿子年幼之时，他们就已经开始了对孩子早教，常常会给孩子讲些童话故事，念些儿歌。孩子也因此打下了良好的智力基础。他们知道，玩是孩子的天性，但如果一味放任让孩子疯玩，便会助长懒惰的习惯。平时他们总是积极引导孩子看书，让孩子充分利用书房里的藏书充实自己。

去过王先生家的朋友表示，王先生的居室环境非常典雅，在其中看书学习，可谓是一种莫大的享受。儿子小的时候，并没有在意这些，但是当儿子上了高中后，由于学习压力大，每当儿子回家，就开始对家有了眷恋，特别是那种宁静典雅的学习环境，更是让儿子舒心惬意。从此，儿子爱上了在书房里看书、学习。他在父母面前多次表示，在家学习使他忘记了疲倦，学习效果很好。

一个和谐的家庭环境，最适宜学习。孩子通过在这样的环境里学习能塑造出美好的心灵，也充分促使孩子对知识的热爱。另外，父母热爱学习无疑会给孩子树立榜样，父母良好的学习习惯和生活习惯也会成为孩子效仿的榜样。这就是父母对孩子的影响，这就是家庭环境对孩子成长的意义。有时候教育就是在无声无息中进行的，父母的言行感染着孩子，孩子也因此对学习产生了特别的热情。

当然，学习不光是指在书本上学习，还要让孩子与父母沟通交流，一起游戏。父母尽量让自己以朋友的角色出现在孩子面前，和孩子一起在玩中成长，这就是家庭的和谐。建立在平等基石上的和谐，才能真正使家成为孩子快乐成长的天堂和开心学习的乐园。

相反，如果父母没有良好的学习习惯，生活陋习很多，平时不注意家庭卫生和居室布置，搞得家里乱糟糟的，加上家用电器发出的嘈杂声，使得家成为一个嘈杂的场所。父母企图让孩子在这样的环境中安心学习，简直就是妄想。

余浩的父母是那种不拘小节的人，日常生活中表现得很邋遢，家具摆放很没有美感，衣物和鞋子随意堆放，平时喜欢打牌，每个周末都会和几个朋友或是邻居围坐在一起搓麻将。

尽管他们自己没有学习的兴趣，但是对余浩的要求颇为严格。每天他们都会叮嘱余浩完成作业真玩游戏，但是家庭环境总是让余浩受到不良影响。余浩经常在做作业时走神，有时候是被高分贝的音响吸引，有时候是被搓麻将的声响干扰。总之，余浩不能安心学习。

法国生物学家乔治·居维叶说过："天才，首先是注意力。"如果孩子不能集中注意力，会严重影响学习的效果；相反，如果孩子能专心、投入地学习，学习效果会更好。而家庭环境好坏与孩子能否集中注意力有着很大的关系，对孩子的成长有着重要的影响。

试想，如果孩子身处嘈杂的环境之中，他在学习的时候就会变得漫不经心。如果想让孩子安心学习。就有必要使家庭环境和谐温暖。

做好孩子的第一任老师

孩子的健康成长，不仅靠学校和社会，还必须靠父母。在孩子入学后，家长就认为自己解脱了，一切交给学校负责了。其实，这样的观点是错误的。

涛涛的父母都是商人，他们平时工作非常忙，很少有时间照顾孩子。自从涛涛上了初三后，班主任陈老师多次跟家长反映孩子学习和思想上的问题，希望能有时间同家长进行更深入的沟通。然而涛涛的父母总以工作忙为借口，将时间一拖再拖。有人劝他们多关心照顾孩子，他们却总是回答："我们没有那个时间和精力，再说，我们又没有多少文化。孩子长大了，有老师照顾他就够了，不用我们父母操心。"

可是涛涛在学校里性格变得越来越孤僻，上课时经常打瞌睡，学习成绩持续下降。老师跟涛涛的父母反映这些问题，但是他们却一直不以为然。

有一天，涛涛的父母难得有空，计划全家去海边玩两天。他们本以为涛涛会特别开心，没想到涛涛对父母的提议感到无精打采，最后他说宁愿一个人待在家里，坚决不和父母一起出去玩。这令父母感到非常伤心和不理解。他们不明白，为什么自己辛辛苦苦做生意赚钱，竟然换来孩子的冷漠和不理解。

孩子上学后，学校担负着学生的德、智、体等方面的教育。然而，由于目前我国教育以升学为中心，所以学校教育的工作重点主要放在知识教育上。但是，一个孩子光靠理论知识是不能达到健康成长的目的的。孩子能否健康成长，很重要的一点在于父母能不能当好孩子的人生导师。

有些父母忙于上班，忙于赚钱，将孩子完全扔给了老师，无暇顾及子女的教育，这无疑会对孩子的成长造成负面影响。

父母应该知道，如果缺少父母的关爱，孩子就会变得孤僻、不合群。虽然父母应该信任老师，但是这种信任应该是与老师配合，共同教育孩子，信任老师并不等于完全把孩子托付给老师。把孩子完全交给老师其实是对孩子的不负责任。老师出于爱心，也会像父母一样对待学生，但是这终究是一种师生间的情谊，它无法代替父母对孩子的爱。

父母应该把重点放在对孩子的道德和人格的教育上。其实，人格和道德比知识教育更为重要。有关专家指出，父母在对孩子的人格和道德品质教育上，光用说教是不可能取得理想的效果的，唯有以身作则，以自身的良好形象和高尚的品德魅力去影响和感化孩子，才能使孩子自觉自愿地按照父母的要求去做，最终达到不教而教的目的。

1940年，球王贝利出生在巴西一个小镇里，父亲也是一位足球运动员，而且对人态度和蔼，对子女教育有方。

小时候贝利喜欢惹是生非，到处打架。有一次，他在踢球时和别的孩子打了一架回家了。父亲对贝利严肃地说道："你要想成为一名优秀的职业球员，自己的暴脾气必须要控制。一发火，再好的球技也发挥不出来，你还会为此吃牌被罚出场。这样，你的球队就会因为你发脾气而吃亏！"

贝利被父亲循循善诱的道理折服了，从此他尽力克制自己的脾气，很少与场内的任何人发生冲突。

正是在父亲的教育下，贝利完成了大学学业，贝利还会说四国语言。最终，贝利成为"一代球王"。

从某种意义上说，父母是孩子的第一任老师，也应该成为孩子终生的榜样。孩子最初是从父母那里认知世界，获得人生经验和安全感的。孩子最先模仿的对象就是父母。父母的言行深深影响着孩子。父母的人生观、价值观、消费观念、情绪变化以及对孩子的肯定或否定，都可能对孩子产生强烈而持久的影响。因此，托尔斯泰说："全部教育，或者说百分之九十九的教育都归结到榜样上，归结到父母自己生活的端正和完善上。"

孩子如果缺乏父母对自己的关爱，他自身的价值感就会极低，这无形中妨碍了他们日后的发展。

父母的一言一行都会影响孩子，父母要当好孩子的人生导师，首先应该是自己人生的主宰者。父母对自己的人生有明确的目标，才能正确地引导孩子。

每个人都有着不同的人生追求。父母只有明确了自己的人生目标，具备了引导自己人生的能力，才有能力引导孩子。

同时，父母还应该真正了解自己。一个能正视自己的人，往往是一个非常理智的人。清楚孩子的优劣势，就会更清楚怎么样教育孩子。

关心照顾孩子需要时间和精力，所以，父母在工作之余，要多花点儿时间来感受生活、热爱生活，在生活中做孩子的导师。

父母既要做孩子的人生导师，还要和孩子保持良好的关系，在互相了解、信任、忠诚的基础下才能谈引导。父母花时间和精力陪伴孩子是非常必要的。

父母在给孩子制定目标时一定要征得孩子的认可。不管是在哪种场景下，家长的责任是引导孩子，而不是替孩子做选择。父母也应该认真地对待孩子的每一个想法，鼓励孩子独立思考并有自己独到的见解。

作为父母，应该鼓励孩子多读课外书。纵观古今，那些成功者年少时都特别喜欢读书。

这些成功者也许学历不高，但因为大量的阅读开阔了自己的视野，为他们将来的发展奠定了基础。亲近优秀的人文资源，应该成为中小学生的必修课，放眼于未来，孩子将来肯定会因此受益匪浅。

苏联教育家苏霍姆林斯基说："让孩子变聪明的办法不是增加作业，而是阅读、再阅读。"

据调查发现，阅读量增加才能提高孩子的语文能力。一个人智商和他拥有的词汇量是画等号的。大量阅读可提高孩子的智力。

孩子获取知识的主要途径就是阅读，所以，要鼓励孩子广泛阅读课外读物，培养孩子阅读的好习惯。父母要为孩子阅读创造必要的物质条件，尽可能地购买有关的书籍和订阅报纸、杂志。

在阅读过程中，要让孩子养成查阅工具书和资料的习惯。父母应从自身做起，给孩子树立良好的阅读榜样。可以带孩子一起去选购几本工具书放在书架上，经常查阅。查阅工具书的习惯一旦养成了，会使孩子终身受益。

总而言之，大量阅读可丰富孩子的知识和阅历。课外阅读可以进一步巩固孩子在课堂上学到的各种知识，对孩子的在校学习起着极大的推动作用。同时，广泛地阅读有助于孩子写作水平的提升，孩子还会从书中获得正确的道德观。

当然，父母应把课外阅读的自主权真正还给孩子，让孩子自由地选择阅读的书目、阅读的形式。

孩子的主要任务是学习。孩子在学习上如果没有目标、缺乏计划，就会失去努力的方向和动力，学习成绩难以提高，同时也会采用一些诸如为应付考试临时抱佛脚的不良学习方法。除了制订学习计划之外，父母还应帮助孩子制订劳动、文娱活动、体育活动、游戏、交往等方面的计划。

父母为孩子所做的一切，其宗旨都是让孩子拥有幸福的人生。幸福的基础是孩子拥有健康的身心。父母应引导孩子拥有健康的心灵，让他们健康地成长，只有这样，才能让孩子收获幸福的人生。正如贝多芬所说："把'德行'教给你们的孩子，使人幸福的是德行而非金钱，这是我的经验之谈。在患难中支持我的是道德，使我不曾自杀的，除了艺术以外也是道德。"

允许孩子有自己的"秘密"

随着孩子年龄的增长，孩子开始有了自己的隐私，他们视此为神圣不可侵犯的领地，甚至他们的父母都不能踏入半步。所以，父母要尊重孩子的隐私。

但是，偏偏有些父母隐忍不住他们猎奇的心理，他们绞尽脑汁窥探着孩子的隐私。父母们想搞清楚，孩子究竟是怎么了？于是，探究孩子隐私竟成了许多父母的"嗜好"。孩子的自尊心也会因父母这样的行为而受到伤害。

一个名叫赵红的女孩读五年级了，在妈妈眼里她一直都是乖女儿，但一个偶然的机会，妈妈惊讶地发现，赵红竟藏着许多秘密。

一个周末下午，在家打扫卫生的妈妈像往常一样帮女儿整理房间，无意间发现了赵红遗忘在床上的抽屉钥匙，平时女儿总是把这个钥匙随身带着。妈妈犹豫了几秒钟，终于忍不住好奇，打开了抽屉。妈妈在打开抽屉后被惊了一下——抽屉里全是歌星和影星的海报、唱片，妈妈对此感到十分生气。在她看来，一个十几岁的女孩应该将学习放在首要位置，但女儿的喜好却让她痛心不已。晚上女儿回来后，妈妈不问缘由便训斥了女儿一顿，还动手打了女儿。

事后，赵红给妈妈写了一封信，她说："如果说孩子没有隐私，那绝对是错误的！每个孩子都有属于自己的一片神圣不可侵犯领地，大人们也应该尊重孩子的隐私，请妈妈还我一片自己的天空。"妈妈看了女儿的信后，知道自己做错了，于是进行了自我检讨。

后来，妈妈再也没有侵犯赵红的隐私。妈妈表示，不管你是否愿意，孩子真的在慢慢长大，她有自己的私人空间，有自己的情感世界。在孩子成长的过程中早已播下了"个性、自我、平等"的种子。

当父母发现，有的事情孩子不想让他们知道时，就没有必要刻意追问，更不能想方设法偷偷打听、窥视。父母应该从心里信任孩子，当孩子感觉到父母的坦荡之后，自然会受到感染，也会坦荡起来，从而以一个真实的自己出现在父母面前。因为他们相信父母会尊重自己，他们就会把自己的想法告诉父母。

每个孩子都是一个独立的人，他们有自己的隐私权。如果父母无意间发现了孩子的秘密，千万不要虚张声势抖落孩子的隐私，而应该替孩子保密。否则会让孩子觉得自己的自尊心受到了伤害，同时他们会对父母也会失去信任感。如果发现孩子有不良思想和举动，可以通过说服教育等途径加以引导。及时找孩子倾心沟通，才是最行之有效的方法。

现如今的父母对孩子太多的横加干涉，孩子几乎没有什么秘密可言。家长千万不要成为那样的父母，而要允许孩子拥有他成长的秘密。虽然父母想知道孩子的想法和秘密，但是绝对不能用强硬的方式获取孩子的私密。

一个15岁的男孩，在学期末的一天放学回家，拿回一本毕业纪念册。这是毕业生的传统，从小学到中学都是如此。里面少不了同学们温馨的祝福、无伤大雅的玩笑和有创意的幽默搞笑作品等。

爸爸看见书桌上的纪念册，随手拿起来翻看。正好被男孩看见了，他不同意爸爸翻看他的纪念册，当即拿走。妈妈见状更加好奇，趁他不注意，再一次拿起来翻看。男孩有些生气，拼力去夺。那愤然的眼神和动作很是让妈妈过意不去。

"他不愿意给我们看，那就算了。"一旁的爸爸劝说道。

"他的隐私我还不能知道吗？我是他的妈妈，我偏要看看。"妈妈觉得自己没有错。

许多父母总是认为，小孩子的东西，父母看一看又能怎么样呢，跟父母没有必要保密。他们想要一个透明的孩子，他们为孩子有了自己的秘密而惴惴不安。事实上，孩子有秘密是很正常的。一个15岁的男孩，如果没有自己的秘密，那反而是不正常的。

没有秘密、从不走神、没有一丝迷惘和忧伤的青春，那岂不是一杯无味的白开水。所以，在孩子青春苏醒的时候，请让他们拥有自己的秘密。

让家庭生活丰富起来

孩子升入中学后，跟父母交流的时间会变得越来越少。如果父母不注意与孩子交流的方式，过多地询问和斥责，缺少互动和理解，那么就会使孩子不愿意跟父母谈心。孩子有了心里话宁可跟同学说，跟陌生人说，也不想告诉父母。因此，沟通少、沟通难成了亲子教育中的大问题。

齐齐是甘肃省某校初二学生，各科成绩都名列前茅，是老师和同学眼中的优秀生。然而就是这个优秀生，却在家中杀死了自己的亲生母亲。人们不禁感到惊诧，这样的好学生怎么会成为杀人犯呢?

原来，齐齐在学校是好孩子、优秀生，但在家中过得并不开心。尽管齐齐的学习成绩已经很优秀，父亲仍然不断地、苛刻地要求孩子超越自己。在齐齐学习成绩偶尔出现问题时，母亲就会气急败坏地用残忍的方法来惩罚孩子，却不肯耐心地听孩子解释。齐齐的世界里早早就没有了自由和快乐，挨打挨骂几乎成了齐齐接受父母教育的唯一方式。

父母没有认识到自己的教育方式存在的错误，没有及时地跟孩子做好沟通。有一天，齐齐向母亲哭诉，父亲却骂孩子的哭泣是"鳄鱼的眼泪"。父亲离开家后，齐齐终于不堪母亲唠叨，对母亲下了毒手……

毫无疑问，齐齐失去理智杀死母亲，受到了法律对他的严惩。但是，生命逝去将永远不再回来。无论齐齐怎样后悔，都于事无补，破碎的家庭留给世人的是永远的遗憾。

一般来说，孩子有一个规律的心理成长期。父母是孩子上幼儿园时期影响最大的人；老师则是六七岁的孩子最信服的人；初中阶段的孩子更喜欢听同学的意见。随着时间的推移，孩子对家长的心理依赖程度逐渐减弱，如果父母不能科学地看待这个问题，孩子就难免会出现行为偏差，在家与在学校有着不同的表现。

一旦将孩子置身于学校这个公共场合，他们总会将自己最好的一面展现给大家，以此博得别人的赞赏。同时，孩子积极的态度因为学校的奖惩制度而激发。再加上和同学相处，也容易使孩子形成一种隐性的竞争压力，这也使得他们在学校能够做得"中规中矩"。

孩子在家是不会掩饰自己的。其实，不只孩子是这样，成人也同样如此。如果家长还用学校的标准来要求孩子的话，难免有些苛刻，毕竟家是轻松的地方。

所以，父母应对孩子多一些宽容，孩子才能将自己最真实的一面表露出来。

据研究，在宽严失度的家庭中，孩子不仅身体健康受到影响，还会形成变态的心理。宽严失度的家庭有两种情况，一种是权力至上型的过于严厉的家庭。在这样的家庭里，家庭成员之间冷漠，缺乏温暖。父母不准孩子自己做选择，凡事都对孩子提出超过实际能力的要求，这样的行为是不可取的。孩子取得的成绩似乎总离父母定的要求差得太远。当孩子犯了错误时，即使是出了一点儿小毛病，父母也会揪住不放，不问缘由地厉声训斥，甚至施以体罚。

孩子处在生长发育的关键时期，身体和精神还都不很健全，如果父母对孩子态度生硬，遇事声色俱厉，动辄拳脚相加，就会使孩子长期处于精神压抑和精神紧张的状态，孩子会因此产生自卑，失去进取心，从而变得自暴自弃。

另一种则是情感至上型的过于宽容放纵的家庭。在这样的家庭里，或者由于溺爱，或者由于父母忽视了对孩子进行管教的义务和责任，或者由于家庭关系出现了危机等原因，致使孩子任性胡闹，无法无天，到处闯祸，甚至犯罪。

在社会生活中，宽严不当的家庭不仅达不到教育的目的，还可能使孩子产生各种异常心理或者行为偏差。

孩子产生心理与行为的异常，父母负有主要责任。那么，父母该如何去营造一个有情趣、讲文明的家庭氛围呢？

父母与孩子一起在快乐的阅读中感受读书的乐趣，不但可以拉近彼此之间的距离，还能使孩子开阔视野，获取知识，同时还能给孩子带来无限的乐趣。

父母要为孩子营造家庭读书氛围，比如，可以带孩子上书店和图书馆，引导孩子阅读；在阅读报纸时，父母可以建议孩子挑选一些喜欢的版面阅读，读后一起交流阅读心得，一起关心国家大事，交流最新时事、热点新闻，在交流中实现对孩子的各种安全教育、爱心教育。

父母要注意保护孩子学习探索的热情和积极性，要充分考虑到两代人思想观念的差异，多做换位思考，给孩子充分的理解和尊重，变"管制"为"管理"孩子，让孩子在亲情的关爱和指导下健康地成长。

创建人人爱学习的学习之家对孩子而言是非常重要的，民主、和谐、积极向上的家庭是每一个孩子都渴望拥有的。在这样的家庭里，所有家庭成员都能在各自的工作、学习岗位上积极进取、勇于拼搏，在家庭生活中能互相尊重、互相关心、互相支持、和睦相处。父母要思想开明、作风民主、情绪稳定，要对待孩子宽严适度，尊重孩子的人格，爱护孩子的自尊心。同时，父母对孩子的兴趣、爱好要给予物质上的支持和精神上的鼓励，并予以正确的引导，使孩子健康活泼、好学上进，从而得到全面发展。

父母平时多带孩子到大自然中去，可以让大自然净化孩子的心灵。

在好天气的时候，父母可以带着孩子多参加一些户外运动，不但可以让孩子领略大自然的无限风光，还可以让孩子在锻炼中培养高雅的情趣。

大自然不仅能够净化孩子的心灵，给予孩子广阔的胸怀，孩子还会从中获得各个领域的知识。神奇的自然景观能扩展孩子的地理知识，同时，也能让孩子领悟地球的博大神秘，从而激发他们想要了解这个神秘星球的雄心。

在农村长大的孩子对大自然更亲切、更熟悉，他们熟知果树生长、开花、结果的过程，他们了解很多家畜的生活习性，这是孩子对生活的一种宝贵的体验，而这种体验是快乐的。孩子会因此产生强烈的自然融入性和改造性。

对于在城市里生活的孩子，父母应尽可能地为孩子创造各种体验大自然的机会，例如，让孩子种一盆花，去乡下感受生活，去田野劳动，等等。

家庭不和，孩子不能健康成长

刚上小学三年级的浩浩有一天因为和班里的同学闹矛盾，先动手打了同学。班主任刘老师批评浩浩时，浩浩竟然不服气，不跟刘老师到办公室，还在老师拉起他的胳膊时动手打老师。

刘老师生气极了，心想："我教了这么多年书，还从来没有见过这么顽皮的学生， 自己做错了事，不服从批评，还敢打老师。"

刘老师专门为此事做了家访。原来浩浩的爸爸脾气暴躁，在家里动不动就跟浩浩的妈妈吵架、打架。爸妈关系不好，浩浩经常成为"出气筒"，被爸爸打得满院子跑。

刘老师感到很焦急，如果再这样下去，浩浩的爸妈不懂得和睦相处，必定会给浩浩的性格带来更大的不良影响，浩浩以后很容易惹出大乱子来，恐怕到时候再教育就来不及了。

父母不和睦，当着孩子面想吵就吵，想动手就动手，他们没有想到，孩子在这样的环境中成长，其性格的发展会受到很不利的影响。

父母关系不好，不仅是双方互相伤害，也深深地伤害了孩子。孩子是无辜的，如果孩子每一天都生活在关系紧张的家庭环境中，情绪长时间处于一种惊慌、恐惧的状态之下，久而久之，孩子的心理发展就会出现问题。

梅梅是一位小学生，看到父母经常吵架，她就将心中的感受写在作文中。

"爸爸，妈妈，你们经常吵架，知不知道我好害怕，我好可怜！怎么别人的爸爸妈妈总是那么的恩爱，而我的爸爸妈妈却是那样地不懂得珍惜爱护对方？

"爸爸妈妈，看到你们总是这样争吵、打架、摔东西，我想哭却又不敢哭出来。因为每一次你们吵过、打过之后还要拿我当'替罪羊'，一不留神你们就会骂我，巴掌就会打到我的身上。我不明白自己到底做错了什么，使你们将怨恨发泄到我的身上。

"你们在吵完架后总是谁也不理谁。爸爸妈妈，你们知道吗？我每一天回到家总是提心吊胆的，害怕你们再吵架，害怕你们再打我。如果你们哪天不吵架，我总会显得很开心。可是，好景不长，每隔几天家里就会爆发一次战争……我想有一个温暖的家，就像其他同学一样。爸爸妈妈，求求你们了，别再吵架了，好吗？"

家庭不和，父母关系紧张，父母就会心情烦躁、易动肝火、发脾气、说话粗鲁，教育孩子时就会粗暴简单，甚至经常打骂孩子。这样的行为使孩子的情绪也跟着紧张，从而妨碍孩子正常情感性格的发展。

父母关系紧张还可能使孩子对父母产生压抑感，他们在家里受压抑，就容易在社会上以某种方式宣泄出来，甚至以犯罪来"惩罚"父母，走上犯罪道路。

在实际生活中，家庭不和睦对孩子的影响比离婚更伤害孩子。家庭关系是孩子出生后初次体验的人际关系。正因为如此，孩子才会受到家庭关系的巨大影响。

通过对许多实例的研究证明，对孩子的身心发育和成长影响最大的不是分居、离婚和死别这些变故，而是发生这些变故的前后父母之间紧张关系。即使父母离婚，如果在较短的时间内了断，双方保持友好的关系，那么对孩子造成的影响要相对要小一些。反之，关系长期紧张，反复争吵之后再离婚，就会对孩子有较大的影响。而最伤害孩子的是既没有离婚，家庭也没崩溃，但父母反复争吵，关系紧张的状态。

父母分居、离婚和死别等变故当然会使孩子焦虑、紧张，孩子长大后也会留下难忘的痛苦的记忆。不过，一般认为，这种留下的强烈记忆是因偶然发生的变故所致，而不是常说的精神创伤所致。因离婚造成的不安定状态，如果在比较短的时间内被修复，恢复安定生活的状态，可以说很少会给孩子造成精神障碍。

更加值得父母注意的是，两人长期争吵和紧张关系会给孩子的心灵带来伤害，会给孩子的人格形成造成巨大的影响。长期接受这些不良刺激的孩子，表现出来的是攻击性、反抗性、反社会性的行动障碍。

在父母不和的家庭中，孩子的心理问题和行为问题尤其多。究其原因，有以下三种。

第一，孩子作为协调者，卷入父母冲突中。家庭治疗理论家布宏(Murray Bowen)有一个重要的三角理论。他说，当一个两人系统遇到问题时，就会自然地把第三者扯入他们的系统中，作用是减轻两人间的情绪冲击。因此，父母不和，子女常会不自觉地加入他们的阵线，形成一种三角关系。被卷入这三角关系的子女，其实是最忠心于父母的孩子。他们往往发生各种心理病症或行为问题，目的却是要保护父母或化解父母间的纠纷。

第二，孩子利用父母不和的关系，成为控制者。由于父母关系不好，导致父母的管教方式互不协调，孩子则利用这一点来反抗父母双方，成为无人能管束的"齐天大圣"。

第三，父母不和导致孩子内心的矛盾，孩子成为被动的牺牲者。孩子的自我认知在很大程度上来源于父母。如果父母双方关系和谐、互敬互爱，孩子会认为自己是好的，并且喜欢自己；如果父母双方互相指责、埋怨，那么孩子的内心就会有许多矛盾，从而不利于健康人格的形成。

总之，家庭是孩子成长的主要场所，家庭环境是影响孩子成长的重要因素，父母是孩子最亲密的交往对象。父母之间的冲突与不和睦会使孩子失去安全感，会给孩子的身心健康造成许多不良的影响。因此，为了孩子能够茁壮地成长，父母要从自己的婚姻开始努力，从营造和谐的家庭氛围开始。

父母相亲相爱，互相关心，互相爱护，家庭和美，孩子在家庭中能够得到足够的温暖，心理就不会产生这样或那样的问题，就能够健康快乐地成长。

家庭环境是否和谐，关系到孩子将来能否成才。因此父母必须重视家庭环境的建设，营造健康和美的家庭。

首先，父母要有积极进取的人生态度。

一个良好的家庭环境，其家庭成员必须具有积极进取的人生态度，能够积极勤奋地工作，有强烈进取的精神和执着追求的勇气，碰到困难不灰心，遇到挫折不后退，胜不骄，败不馁。只有这样，孩子才能有健康的体魄，有聪明的才智，有健康的情感和博大的胸怀。

卢瑟福是物理学家，1871年出生于新西兰，是苏格兰移民的后代。他从小就有一个和睦的家庭。他的父亲是一个农民，后来开了一个小工厂，最后经营成为一家兴隆的亚麻厂。他的母亲是小学教师，会弹钢琴。

卢瑟福有12个兄弟姐妹，家里生活非常的艰难。父母勤劳、正直的品格教育并影响着孩子们，使卢瑟福和他的兄弟姐妹从小就懂得，要想生活得好一点儿，就要自己动手、动脑去创造，踏踏实实地做事。农忙时耕地、播种、收割、晒谷，闲暇时下河捕鱼、上山打猎，都是全家出动，每一个家庭成员都要分担一些责任。

卢瑟福通常去农场干一些杂务，诸如劈柴、挤牛奶及充当差使等工作。全家人在劳动中互相帮助、团结协作，很少发生争吵。卢瑟福在这种家庭中成长，养成了尊重别人、互相协作的良好品质。直至上大学读研究生以后，卢瑟福仍然保持着热爱劳动的本色，从不忘在假期回乡参加劳动，以尽可能减少父母和兄弟姐妹的负担。

他的父亲是一个既聪明又肯动脑筋的人，既勤奋又有创造性。在父亲潜移默化的熏陶下，卢瑟福对周围的一切都感兴趣，年龄越大越显现出非同寻常的创造天赋。卢瑟福自己动手制作、修理的本领，对他后来的科学研究生涯起了极大的作用。这与和睦的家庭对他的影响是密不可分的。

孩子耳濡目染父母所表现出的热爱生活、热爱工作、热爱事业的人生态度，就会受到无形的教育，产生积极进取的学习动力和奋发向上的勃勃生机，从而树立起远大的理想并为之奋斗。

其次，父母要养成高尚良好的道德风尚。

父母的道德水平如何，很大程度地影响孩子的成长。孩子是从父母如何对待自己、如何对待祖辈以及父母间的相互关心开始认识世界的。当孩子看到父母敬老爱幼、和睦谦让、勤劳俭朴、克己奉公、遵纪守法、关心邻里和同事时，就会从中得到爱的陶冶，启迪美好的心灵，从而关心家庭和集体，并升华为热爱祖国、热爱人民的高尚情操。

虽然全家人辈分不同、性别不同，但人际关系平等相处、互相尊重。家庭成员都有责任感和合作精神，每一个成员都成为负责任的人，既对自己负责，也要对其他成员的幸福负责。孩子在这样的环境下才能健康地成长。

最后，父母需要养成不断学习的求知习惯。

"活到老，学到老"是一种美德。父母应该身体力行，带头学习，在家庭中形成一种尊重知识、尊重人才、勤奋好学的气氛，影响和带动孩子自觉地学习。

苏联教育家马卡连柯说："你们做父母的教育儿女，不是仅仅为了本身的愉快，在你们的家庭里，在你们的影响下，成长着未来的公民、未来的实业家、未来的战士。"

父母要不断加强自己各方面的修养，努力学习科学文化知识，教育孩子从小养成爱祖国、爱人民、爱劳动、爱科学、爱社会主义的美德，做品学兼优的好孩子。

莫把孩子整天关在房间里

为人父母的都知道，劳逸结合对一个人的健康和发展是多么重要。身处成长期的孩子，面对强大的学习压力和繁重的学习任务，为了能够实现自己的升学梦想，为了不辜负父母的期望，他们经常承担着超负荷的学习重任。或许父母感受不到孩子的辛苦和疲惫，但是无论如何，让孩子在劳逸结合中享受学习，体验生活，让孩子在学习之余停下来休息一下都是很有必要的。

一位父亲跟他的同事说：'很奇怪，我的孩子这礼拜回家，面对他妈妈精心准备的一桌丰盛的饭菜，不再像往常那样狼吞虎咽了。他只是用充满疲惫的眼神扫了饭桌一眼，然后有气无力地说'我现在不想吃饭，我只想尽情地睡上一觉'。"

这位父亲以为孩子生病了，于是赶忙摸了摸他的额头，并没有发烧。

孩子推开父亲的手，说："老爸，我没有生病，只是非常困倦，现在我们学校中午又加了一节自习课，原来中午还能在教室休息半个小时，现在有值班老师'查岗'，不允许我们睡觉。"说完，衣服也不脱就扑到床上，几分钟后鼾声便起。

如今的孩子面临着沉重的学习任务，他们不得不在休息时间里学习，结果只能使他们变得身心疲惫。因为缺少充足的休息，长时间用眼，也使许多孩子的视力大受影响。专业机构对在校青少年近视高发的现状做了相关调查，他们对这种态势表示了忧虑，呼吁父母要注意让孩子的眼睛休息。

一位学生在日记里透露，上高三的那段时间，父母为了让他每天多学习一会儿，便将他晚上学习的时间延长到11点半，而早晨5点就要起床。在学校里，每天要上13节课。课堂上他总是不停地打哈欠、打瞌睡，整天晕头转向，学习效果非常糟糕，而且视力严重下降，最后不得不戴上近视镜。

古人说：欲速则不达。望子成龙、望女成凤是大多数父母的心愿，可是如果人们让夏利车照着奔驰的速度跑，用不了多久，就会出现严重的问题。身体是学习的本钱，父母要在关心孩子身体健康的前提下，帮助孩子合理安排学习时间，并适时让孩子停下来休息一下，才能保证孩子有效率地学习，孩子才有希望实现自己的梦想。

小辉是一位上小学的孩子，每天清晨他都极不情愿地从被窝里钻出来。就算是周末，他也必须早起，因为他的父母给他报了特长班。一个周末的早上，小辉一边啃着面包，一边小心地问母亲："妈妈，今天晚上我能看会儿动画片吗？"看到妈妈还未作答，小辉又急忙补充道："我的作业全都做完了。"当妈妈点头表示许可时，小辉开心地欢呼起来。

一天中午，刚刚上完美术课的小辉和妈妈一起吃肯德基。"妈妈，回家后看看我今天画的蜡笔画。"小辉边吃边向妈妈"汇报"。"画的是气球，回家拿给你看。"难得的午休过后，小辉又要去上数学特长班。朋友和同事曾劝小辉的母亲多给孩子一点休息时间，但小辉的妈妈无奈地说："我知道孩子这样太累了，可这些课真的很有用。学过奥数后，上数学课就轻松多了。"

忙了一整天的小辉一回到家就迫不及待跑到电视机前看动画片。刚看了没多长时间，妈妈又催小辉回房间做作业。

一次放学回家，小辉和妈妈走到家门口，看到几个小朋友正在踢球，小辉的脸上露出了羡慕的表情。他央求道："妈妈，让我和他们玩一会儿球吧？"妈妈说："做完作业再来踢球。"小辉赶忙对那些小朋友说："你们等我一会儿，我马上就来。"可是一个小朋友摇了摇头道："我们也只能玩一会儿，等下还要回家写作业呢。"多次协商无果后，不情愿的小辉只好跟着妈妈回家了。

正值童年的孩子，本是天真烂漫、活泼好动的年龄，而有的父母却把孩子整天关在房间里，让孩子学习。孩子甚至连基本的休息时间也得不到保证，这对孩子的健康成长是不利的。

面对孩子在学习上的不堪重负，父母有这样两种常见的态度。有些父母认为应该多给孩子们一些休息和玩的时间，毕竟孩子正在长身体的阶段，健康快乐地成长是最重要的。而有的父母则认为，现在的苦是为了孩子将来能考上好大学，这些都是值得的。然而，许多父母内心非常矛盾，既想让孩子轻松一点，又希望他们成绩不要落在别的孩子后面。

事实上，只要父母抱着尊重孩子的心态，让孩子学会做自己的主人，积极让孩子参加各种有意义的活动，提高孩子的综合素质，不只是一味地学习书本知识，这样孩子才能在将来的竞争中处于优势地位。父母应尊重孩子的选择，多给孩子一点休息时间，让孩子在劳逸结合中快乐地学习，快乐地生活。

温馨的家庭造就懂事的孩子

人们发现，在和谐温馨的家庭氛围中成长的孩子，具有浓郁的爱心，而且比较自信，性格也很阳光。可见，想要让孩子更加优秀，父母就要让孩子赢在起跑线上，为孩子创造一个温馨、和谐的家庭环境。

但是，生活中有些父母总是抱怨，"我们家孩子的学习成绩一直上不去，天天闯祸，我都快愁死了！"父母在抱怨的时候不知道有没有想过，也许是自己没有给孩子创造一个温馨的家庭环境。在经常吵闹的家庭氛围中，孩子没有心思学习，成绩自然就比较差，而这样又要被父母训斥，长期如此孩子便会破罐子破摔。因此，孩子表现不好，父母首先要自我检讨，然后努力为孩子创造一个温馨的成长环境，让孩子快乐地成长。

小白今天在学校又闯祸了，他因为一件小事把隔壁班的学生打得头破血流，班主任吓坏了，赶紧叫来了小白的妈妈。

"老师啊，我们小白又打架了？"小白妈妈走进办公室后赔笑道。

"这次比较严重，把那个同学打成了重伤，对方的父母不依不饶的，处理起来很麻烦啊！"老师叹着气说。

小白妈妈听了顿时就火冒三丈，抬手就打了孩子一巴掌，而且边打边骂："小兔崽子，成天给我们找麻烦，我上辈子欠你的吗，你这么折磨我，我哪里对不起你了……""小白妈妈，快停手，你这样打孩子是不对的！"老师赶紧阻止她。

"老师，您在学校以说教为主，我在家以体罚为主，这样教育才能起作用，不然，这个小兔崽子就要上天了。"可能是打得太用力了，小白妈妈说话时都气喘吁吁的。

"小白妈妈，以后可别再这么打孩子了，您打了十几年了，可是小白并没有成为您心目中的好学生啊。"老师看着可怜兮兮地站在一旁的小白，心理有一种说不出的难过。

一次，老师决定到小白家家访。"老师，您还是别去了，省得吓着您。"小白说。

"什么，你们家很吓人吗？"老师问。

"我们家很吵……"小白说道。

老师以为是小白不想让她去家访，便笑道："看你说的，你们难道是菜市场啊。"小白没有说话。

到了小白家后，老师刚一进门就看见满屋子的人，而且烟味、酒味很重，原来，小白的妈妈在家里设了几张麻将桌，每天都有人在他们家打麻将，而且说话声音很大。老师看了看小白，这才明白他为什么经常抽烟、打架。

故事中的小白是一个在麻将屋里长大的孩子，每天面对的都是一群吵闹成习、烟酒成瘾的人，当然就会跟着学坏。家庭环境对孩子的成长有很大的影响。事实证明，在压抑、吵闹的家庭环境中成长的孩子，往往忧心忡忡，而且精神负担很重，越长大性格就越内向，对生活也缺少热情，一遇到挫折就一蹶不振，如果严重了还会出现抑郁症等心理疾病。如果父母不及时找到原因并对家庭环境加以改善的话，孩子的心理成长、个性形成以致前途等都会受到不良的影响。

想要为孩子创造一个和谐温馨的家庭环境，父母首先要做的就是优化家庭关系。夫妻之间有矛盾不要当着孩子的面大吵大闹；如果父母和孩子的关系比较僵，那么父母就要想办法慢慢赢得孩子的心，让孩子逐渐接受父母，亲近父母。当夫妻关系、亲子关系得到改善后，家庭氛围自然就会变得和谐温馨，孩子的心情也会变好，生活热情变高，成绩也会慢慢提升。

此外，亲人之间要加强沟通，沟通能够有效地缓和家庭矛盾、让家庭氛围逐渐和谐起来。比如父母可以制造一些比较温馨的家庭话题。周末到了，爸爸可以问孩子："咱们这个星期去哪里放松一下？"或者妈妈问孩子："今天我们吃什么好呢？"然后一家人坐在一起讨论一下，最后做出决定。这样会让孩子觉得他很受重视，家庭角色的意识也会因此加重。父母在睡觉前给孩子一个拥抱、一个吻，或者说声"晚安"、"做个好梦"等等，不但能让孩子放松神经，也会孩子这样一种意识，"这一天过得真好"。在这样的环境中成长，孩子自然会开心快乐，而且成绩优异。

除此之外，父母还要注意树立一个良好的家风，让爱、尊重和民主成为家庭的主旋律，伴随孩子一路成长。在一个充满爱的家庭中成长的孩子，他的心中就会充满爱，爱父母、爱老师、爱朋友等等，在爱的鼓励下，孩子的品质和成绩都会比较出色。在一个家庭中，如果家庭成员互相尊重，那么就很少有争吵、打斗，父母不会随意打骂孩子，孩子也不会随意和父母抬杠，因为大家都有一个共同的意识——我们要互相尊重。